GUIDE

DU

RENTIER SUR L'ÉTAT

GUIDE

DU

RENTIER SUR L'ÉTAT

SES RELATIONS AVEC LE TRÉSOR

RENTES SUR L'ÉTAT
VALEURS DU TRÉSOR — CONVERSION DES RENTES
RENOUVELLEMENTS — TRANSFERTS ET MUTATIONS
PAYEMENT DE LA RENTE
LÉGISLATION — MODÈLES, ETC., ETC.
TABLEAUX DE PARITÉ

PAR

L. FOYOT

CHEF DE BUREAU, AGENT COMPTABLE DE LA DETTE INSCRITE
au Ministère des Finances

Publication autorisée par M. le Ministre des Finances

Deuxième édition

PARIS

SOCIÉTÉ D'IMPRIMERIE ET LIBRAIRIE ADMINISTRATIVES
ET DES CHEMINS DE FER
PAUL DUPONT
41, RUE JEAN-JACQUES-ROUSSEAU, 41

1880

DIVISION PRINCIPALE DES MATIÈRES

CHAPITRE VII

CHAPITRE VIII

CHAPITRE IX

CHAPITRE X

CHAPITRE XI

CHAPITRE XII

AVANT-PROPOS

L'augmentation considérable qui s'est produite dans le nombre des porteurs de rentes sur l'État, surtout depuis les grands emprunts motivés par la dernière guerre, a eu pour conséquence naturelle d'accroître dans une forte proportion la quantité des titres émis par le Trésor. De plus, l'abaissement en 1870 du chiffre minimum de rente inscriptible au grand-livre de la Dette publique, et la faculté qui a été accordée aux déposants des caisses d'épargne de souscrire par privilége et sans réduction à l'emprunt de deux milliards, ont fait pénétrer la rente dans un nombreux public où elle était jusqu'alors pour ainsi dire inconnue.

Tout récemment encore, le ministre des finances vient d'émettre une nouvelle rente 3 0/0, amortissable en 75 ans, pour faire face au payement des lignes de chemins de fer rachetés par l'Etat.

Tous ces nouveaux rentiers sont généralement peu familiarisés avec leurs droits et la manière de les exercer, et, à chaque opération qu'ils veulent exécuter sur leurs rentes, cette ignorance est souvent la source de difficultés et de lenteurs, aussi préjudiciables aux rentiers eux-mêmes qu'à la bonne exécution des opérations que le Trésor est chargé d'effectuer.

C'est pour éclairer ces rentiers, c'est pour simplifier la marche d'un service surchargé, que nous avons voulu, sous une forme élémentaire et concise, indiquer les formalités exigées pour la négociation et le transfert des titres de rente sur l'État et des autres valeurs émises par le Trésor.

On ne doit donc pas s'attendre à rencontrer ici un historique de la Dette consolidée, pas plus qu'un exposé de théorie abstraite sur des points de doctrine et de jurisprudence. Mais on y trouvera, nous l'espérons, tous les renseignements pratiques que les créanciers de l'État ont intérêt à connaître.

Au cours de cet ouvrage, nous examinerons successivement les différents cas qui peuvent se présenter, et nous indiquerons la marche à suivre pour chacune des opérations auxquelles peuvent donner lieu les rentes sur l'État.

RENTES SUR L'ÉTAT

CHAPITRE PREMIER

CARACTÈRES GÉNÉRAUX DE LA RENTE

1. — Aux termes du Code civil, on entend par constitution de rente le contrat par lequel un intérêt est stipulé moyennant un capital que le prêteur s'interdit d'exiger. (Art. 1909.)

Lorsque la rente constituée est perpétuelle, elle est essentiellement rachetable. (Art. 1911.)

Les rentes sur l'État, à l'exception du nouveau fonds de 3 0/0 amortissable qui vient d'être créé par la loi du 11 juin 1878, répondent exactement à cette définition légale. Le prêteur, c'est-à-dire le rentier, ne peut exiger de l'État le remboursement du capital; l'État, au contraire, a le droit de le lui rembourser. Toutefois, il faut faire remarquer que les rentes étant émises à un certain taux pour cent, c'est au prix de 100 francs pour tant de francs de rentes, c'est-à-dire au pair, que l'État peut, le cas échéant, contraindre ses créanciers à en accepter le remboursement.

2. — Les rentes sur l'État, quelle que soit la forme qu'elles revêtent, *nominative, mixte* ou *au porteur,* sont meubles par la détermination de la loi. (Art. 529 du Code civil.)

3. — Pour raffermir le crédit public si cruellement éprouvé sous l'ancien régime et pendant la période révolutionnaire, les législateurs du Directoire ont accordé à la rente d'importants priviléges, au premier rang desquels figure l'insaisissabilité.

4. — Le caractère d'insaisissabilité attribué à la rente lui a été reconnu par la loi du 8 nivôse an VI en ce qui concerne le capital, et par la loi du 22 floréal an VII en ce qui concerne les arrérages.

L'article 4 de la loi du 8 nivôse an VI est ainsi conçu :

« Il ne sera plus reçu à l'avenir d'opposition sur le tiers conservé de la dette publique inscrite ou à inscrire. »

Toutes les rentes provenant des emprunts émis depuis cette époque ont bénéficié de cette disposition.

5. — Non-seulement la rente française est insaisissable, mais elle jouit encore d'un autre privilége important qui lui a été reconnu par la loi du 9 vendémiaire an VI, article 98.

A cette époque, et pour réagir contre les effets de la réduction des deux tiers de la dette publique, les législateurs déclarèrent que la rente serait à jamais exempte de toute retenue présente et future, c'est-à-dire exempte à jamais d'impôt, puisque par le mot de retenue on entendait alors l'impôt, qui, à diverses époques et notamment depuis 1793, avait été mis sur les rentes.

Cet engagement a été scrupuleusement tenu. Cependant, quoique la rente française ne soit encore aujourd'hui soumise à aucun impôt, en tant que valeur d'Etat, il n'en est pas de même de certains des actes qui en transfèrent la propriété, tels que donations entre vifs ou testamentaires, transmissions ou mutations à la suite de décès, etc., etc.

6. — Pendant longtemps les rentes sur l'État avaient été exemptées du payement des droits de transmission qui frappaient toutes les autres valeurs mobilières, mais deux lois successives, votées en 1836 et 1850, ont étendu aux rentes sur l'État les dispositions de la loi du 22 frimaire an VII qui assujettissent aux droits d'enregistrement les mutations par décès et les donations entre vifs ou testamentaires (1).

Le législateur n'a pas entendu ici frapper la rente d'un droit quelconque, il a seulement voulu atteindre les actes en eux-mêmes en les soumettant aux droits de transmission payés pour toutes les autres valeurs mobilières ou immobilières.

La preuve en est, du reste, dans la variabilité même de l'impôt qui frappe les mutations. Si le législateur avait entendu assujettir exceptionnellement la rente à un droit quelconque, il aurait eu soin d'en préciser la portée en la soumettant à un droit fixe proportionnel à son montant. Il a voulu, au contraire, pour bien démontrer le caractère du nouvel impôt, qu'il fût établi sur des bases diverses, variant selon les degrés de parenté. C'est, en un mot, un droit successoral d'enregistrement et non pas un impôt sur la rente (2).

____

(1) Lois des 18 juillet 1836 et 18 mai 1850. (*Voir* aux Annexes.)
(2) *Voir* le tableau des droits de transmission et de mutation, page 133.

7. — La rente perpétuelle possède un troisième caractère qui consiste dans l'imprescriptibilité résultant de sa nature perpétuelle. L'État, en effet, ne pourrait se prévaloir de l'abstention de son créancier, attendu que celui-ci, n'ayant pas le droit de réclamer le remboursement du capital de la rente, on ne saurait, dès lors, assigner un point de départ au délai de prescription. (*Avis du comité des finances*, du 27 juin 1834 et du 14 juillet 1838.)

Mais si le capital de la rente perpétuelle est imprescriptible, il n'en est pas de même des arrérages qui se prescrivent par cinq ans, par application de l'article 2277 du Code civil.

Les considérations qui ont fait introduire la prescription dans la loi civile, comme un moyen d'éteindre les obligations, empruntent une singulière force à l'intérêt public, lorsqu'il s'agit des dettes de l'État. La nécessité de maintenir l'ordre dans les finances, la difficulté qu'il y aurait de reporter de budget en budget le crédit que nécessiterait le payement de ces arrérages, ont engagé le législateur à déclarer prescrite au bout de cinq années toute créance contre l'État.

8. — La loi du 24 août 1793 avait déjà décidé, par son article 156, qu'aucun créancier du Trésor ne pourrait réclamer que les cinq dernières années d'arrérages des rentes sur l'État avant le semestre courant.

Le délai est le même, quant à ces arrérages, que celui qui résulte de la loi de 1831 pour toute autre créance sur l'État. Seulement, les cinq ans commencent ici à courir, non point de l'ouverture de l'exercice auquel ces arrérages appartiennent, mais du jour même de leur échéance (*Instruction générale sur la comptabilité*, du 20 juin 1859, art. 686) (1). Aussi, au lieu de se trouver atteints par la prescription quinquennale au jour de la clôture de l'exercice comme les autres créances sur l'État, ils sont prescrits successivement aux échéances qui se rapportent à chaque nature de fonds.

Néanmoins, quoique le capital de la rente soit imprescriptible, le nom du titulaire et le numéro de son inscription sont rayés du grand-livre de la Dette publique s'il s'est écoulé un certain temps depuis le dernier payement. La rente ne figure plus alors sur les états de payements, et elle ne peut être rétablie au nom ou au profit des ayants droit qu'en vertu d'une décision ministérielle (2).

9. — Quoique le principe de l'imprescriptibilité du capital de la rente soit encore aujourd'hui indiscutable, il est un cas spécial cependant où il cesse de produire tous ses effets.

Les prescriptions de l'article 16 de la loi du 15 juin 1872 sur les titres au porteur volés, perdus ou détruits, restreignent en effet ce privilége, en tant qu'il avait à s'exercer contre le Trésor, en spécifiant, qu'au cas de remplacement de rentes au porteur perdues, détruites ou volées, le Trésor se trouvera définitivement

---

(1) *Voir* page 244.
(2) *Voir* Rétablissement de rentes, n° 133.

libéré envers le porteur des titres primitifs si, dans un délai de vingt ans, il n'a été formé aucune demande par des tiers porteurs, soit pour les arrérages, soit pour le capital. L'action personnelle du propriétaire des titres primitifs ne s'exercera plus, après cette période de vingt années, contre le Trésor, mais seulement contre la personne qui aura obtenu le remplacement du titre déclaré perdu.

CHAPITRE II

—

DE LA NATURE ET DE LA FORME DES RENTES

10. — La multiplicité des emprunts qui ont été contractés en France depuis la consolidation du tiers, opérée en vertu de la loi du 9 vendémiaire an VI, a été la cause de la diversité qui existe encore aujourd'hui dans les fonds publics.

Ces fonds sont de cinq sortes :

1° *Rente* 3 0/0 dont les intérêts annuels sont payables en quatre termes échéant les 1er janvier, 1er avril, 1er juillet et 1er octobre ;

2° et 3° *Rente* 4 et 4 1/2 0/0 dont les intérêts sont payables par semestre, les 22 mars et 22 septembre de chaque année ;

4° *Rente* 5 0/0 dont les intérêts sont payables en quatre termes, les 16 février, 16 mai, 16 août et 16 novembre ;

5° *Rente* 3 0/0 *amortissable* en soixante-quinze ans, au moyen de tirages annuels, dont les intérêts sont payables les 16 janvier, 16 avril, 16 juillet et 16 octobre.

11. — Voici quelle est l'importance respective de

chacun de ces fonds, d'après les chiffres portés au budget de 1879 :

Rente 3 0/0	362,695,030 francs.
Rente 4 0/0	446,095
Rente 4 1/2 0/0	37,443,636
Rente 5 0/0	346,001,605
Rente 3 0/0 amortissable. .	32,979,000
TOTAL GÉNÉRAL. . . .	779,565,367 francs.

12. — Si maintenant on considère les rentes au point de vue de la forme des titres, on peut encore les diviser en rentes *nominatives, mixtes* ou au *porteur*.

Rente nominative.

13. — La première forme de la rente au moment de son émission est nominative. Les rentes sur l'État sont d'abord inscrites au nom et au compte du Trésor public, et c'est par ce moyen de comptabilité que s'opère ensuite la division de la rente, soit qu'elle conserve sa forme nominative, par la substitution du nom du nouveau créancier au lieu et place du Trésor; soit en revêtant la forme au porteur.

En raison de son caractère nominatif, cette rente possède certains priviléges (1) qui garantissent son proprié-

---

(1) *Voir* n° 107. Remplacement de titres perdus ou volés.
— n° 108. Déclaration de perte.
— n° 161. Oppositions.
— n° 45. Opérations effectuées sur les rentes nominatives.

taire des dangers de perte et de destruction. La faculté réservée par la loi aux propriétaires des rentes nominatives de former opposition, entre les mains du Trésor, au transfert et au payement des arrérages des rentes dont ils sont titulaires, leur donne toute sécurité contre les chances de perte et de vol auxquelles sont exposées les valeurs au porteur.

Rente départementale.

14. — La rente nominative comprend des inscriptions directes et des inscriptions départementales.

Ces dernières inscriptions sont imputées sur les comptes ouverts aux trésoriers payeurs-généraux, et transcrites sur leurs livres auxiliaires, conformément aux dispositions de la loi du 14 avril 1819 qui en a autorisé la création pour faciliter le placement et la négociation de la rente dans les départements. Elles sont d'ailleurs soumises, quant aux opérations auxquelles elles donnent lieu, aux règles suivies pour les inscriptions directes.

15. — Il est une catégorie de créanciers de l'État qui ne peuvent posséder que des rentes inscrites aux livres auxiliaires des départements (Loi du 14 avril 1819) : ce sont tous les établissements publics ou religieux, tels que les fabriques d'église, les cures, les sociétés de secours mutuels reconnues par l'État, les communes, les hospices, etc.

On a voulu, en prescrivant cette disposition, alléger d'autant le Grand-Livre proprement dit, et laisser à la charge des trésoriers généraux un certain nombre d'opérations, tels que renouvellements, réunions, divisions, etc., qu'ils peuvent faire directement, sous leur propre responsabilité, toutes les fois qu'il s'agit d'inscriptions départementales.

16. — Les rentes de cette espèce, quand elles sont inscrites au livre auxiliaire d'un département où se tient une Bourse de commerce, tels que le Rhône, la Gironde, etc., ont cet avantage, qu'elles peuvent être transférées directement par le trésorier général et l'agent de change de la localité, sans passer par l'administration centrale. Les rentiers y gagnent beaucoup en célérité, tant pour la réalisation du transfert que pour le remploi des fonds à en provenir.

Dans ces sortes d'opérations, le rôle que joue à Paris l'agent comptable des transferts et mutations incombe au trésorier général. C'est donc à ce comptable que doivent être déposées les justifications de règle ; mais en cas de retards ou de refus qui ne lui sembleraient pas justifiés, le rentier a toujours la faculté d'en référer au ministre, en lui envoyant le dossier de l'affaire ou des explications détaillées.

Ces rentes départementales, que le titulaire peut obtenir sans frais en échange d'inscriptions directes ou d'inscriptions au porteur, sont les seules valeurs nominatives que les agents de change des départements aient la faculté de transférer sans recourir à la Bourse de Paris.

Rente mixte.

17. — Cette seconde forme de la rente possède à la fois les avantages et les inconvénients de la rente nominative et de la rente au porteur, en ce sens que le capital seul de la rente est nominatif et que les coupons d'arrérages dont elle est munie sont au porteur.

18. — Cette forme de rente n'est pas encore beaucoup répandue dans le public. Créée par décret du 18 juin 1864, elle n'a donné lieu jusqu'à présent qu'à un nombre d'opérations relativement restreint.

Les rentes mixtes se trouvent, du reste, soumises aux mêmes formalités que celles exigées pour la rente nominative pour tout ce qui concerne le capital de la rente, et aux règles suivies pour la rente au porteur pour tout ce qui se rapporte aux arrérages.

19. — Mais, en raison de la nature spéciale de cette rente qui participe à la fois de la rente nominative et de la rente au porteur, il a été décidé qu'elle ne pourrait être déliyrée qu'aux personnes ayant la libre disposition de leurs biens.

Cette restriction, empruntée aux dispositions qui s'appliquent aux rentes au porteur, se comprend facilement. De même que le rentier qui fait choix d'une inscription au porteur renonce aux garanties offertes par la rente nominative, celui qui demande une inscription de rente mixte renonce par cela même à la faculté que lui reconnaît l'article 7 de la loi du 28 floréal an VII, de former opposition au payement de ses arrérages.

Une telle renonciation doit être effectivement considérée comme un acte de propriétaire, et ne peut dès lors être consentie que par des personnes jouissant de la plénitude de leurs droits et possédant librement.

20. — Il a donc été reconnu que les inscriptions de rentes mixtes devaient être assimilées et soumises, au point de vue de la possession, aux mêmes règles que les rentes au porteur.

En conséquence il n'est pas délivré de rentes mixtes :

Aux incapables, mineurs, interdits, etc., etc. ;

Aux absents ou envoyés en possession provisoire ;

Aux établissements publics et religieux ;

Aux caisses de retraites ;

Et, en général, dans tous les cas où la propriété ou la jouissance de la rente est grevée d'une clause restrictive légale ou conventionnelle du droit de propriété.

Des doutes s'étaient élevés sur la portée de l'article premier du décret impérial du 18 juin 1864, d'après lequel les rentes mixtes ne peuvent être délivrées qu'aux rentiers ayant la pleine et entière disposition de leurs titres ; il s'agissait de savoir si cette restriction devait aussi être appliquée aux rentes appartenant à des femmes mariées.

Il a été reconnu, l'incapacité des femmes mariées n'étant que relative (art. 1124 du Code civil), qu'elles pouvaient être admises à échanger contre des inscriptions mixtes les rentes inscrites à leurs noms sans condition de dotalité ni de remploi ; mais que, suivant les règles applicables aux transferts, la déclaration d'échange devait être faite conjointement avec le mari, et que celui-ci ne serait fondé à la faire sans le concours de la femme que lorsqu'il serait établi, par un certificat de propriété, que les rentes dépendent de la communauté existante entre les deux époux (1).

Il n'existe pas de rentes mixtes pour les fonds de 4 et de 4 1/2 0/0 et de 3 0/0 amortissable.

21. — Le tableau suivant fait connaître le nombre et la quotité des coupures de ces rentes émises par le Trésor :

NOMBRE de COUPURES.	3 0/0.	5 0/0.
1	3 fr.	3 fr.
2	4	4
3	5	5
4	6	6
5	7	7
6	8	8
7	9	9
8	10	10
9	20	20
10	30	30
11	50	50
12	100	100
13	200	200
14	300	300
15	500	500
16	1,000	1,000
17	1,500	2,500
18	3,000	5,000

(1) *Voir* Opérations sur les rentes mixtes, n° 101.

Toutes les rentes nominatives et mixtes sont enregistrées au nom des créanciers de l'État au grand-livre de la Dette publique.

Il est délivré à chaque rentier un extrait de son inscription au grand-livre, qui forme titre contre le Trésor. C'est cet extrait d'inscription que, dans le langage usuel, on appelle *titre de rente*.

Minimum inscriptible.

22. — Le minimum inscriptible au grand-livre de la Dette publique a été successivement abaissé, au fur et à mesure de l'extension de la rente. Il est aujourd'hui de 3 francs pour toutes les rentes perpétuelles 3 et 5 0/0 (loi du 27 juillet 1870), de 10 francs pour les rentes 4 1/2 et 4 0/0 et de 15 francs pour la nouvelle rente 3 0/0 amortissable en soixante-quinze ans. (Loi du 11 juin 1878.)

Rente au porteur.

23. — La création des rentes au porteur ne remonte pas au delà du 29 avril 1831; ce n'est qu'à cette époque qu'une ordonnance royale fut rendue pour autoriser tous les propriétaires de rentes nominatives inscrites sur le grand-livre de la Dette publique à en réclamer la conversion en rentes au porteur.

Avant cette date, plusieurs essais avaient été tentés pour affranchir la négociation des rentes des formalités qu'entraînent les justifications d'individualité et de propriété exigées par le Trésor public pour chaque transfert de rente nominative. Par décisions successives en date des 14 octobre 1816, 26 mai 1819, 24 mai 1825 et 5 mars 1830, le ministre des finances avait autorisé « l'émission de certificats au porteur, de participation à « des inscriptions de rentes déposées au Trésor par « plusieurs maisons de banque »; mais ces certificats ou *bons de participation*, pour les appeler par le nom sous lequel ils étaient négociés, étaient devenus tout à fait insuffisants pour répondre aux exigences des rentiers, qui désiraient avoir en mains des titres transmissibles comme le billet de banque, et exempts, comme lui, de toute formalité à la circulation.

L'ordonnance royale du 29 avril 1831 a donné satisfaction aux vœux des rentiers en créant la rente au porteur. Une autre ordonnance royale du 10 mai 1831 a complété la nouvelle législation de la rente au porteur, en autorisant la création de coupons d'arrérages au porteur attachés à ces inscriptions.

Le nombre et la quotité des coupures de la rente au porter ont été calculés de manière à répondre le mieux possible aussi bien aux besoins de la spéculation, qu'aux commodités des capitalistes.

24. — Nous résumons dans le tableau suivant, par nature de fonds, le nombre et le montant des coupures émises par le Trésor :

NOMBRE de COUPURES.	3 0/0.	4 0/0.	4 1/2 0/0.	5 0/0.
1 (1)	3 fr.			3 fr.
2	4			4
3	5			5
4	6			6
5	7			7
6	8			8
7	9			9
8	10	10 fr.	10 fr.	10
9	20	20	20	20
10	30	50	30	30
11	50	100	50	50
12	100	300	100	100
13	200	500	300	200
14	300	1,000	500	300
15	500	2,000	1.000	500
16	1,000	4,000	2.250	1,000
17	1,500		4,500	2,500
18	3,000			5,000

Rente 3 0/0 amortissable.

25. — Le nouveau fonds de 3 0/0 amortissable, créé en vertu de la loi du 11 juin 1878, jouit des mêmes priviléges que les autres rentes ; les mêmes règles, les mêmes formalités sont exigées pour leur transfert ou leur négociation. Il n'y a donc pas lieu d'entrer dans des dé-

---

(1) *Voir* Opérations sur la rente au porteur, nº 119.

tails spéciaux pour cette nature de rente, puisque les règlements qui régissent les autres rentes lui sont applicables.

26. — L'amortissement obligatoire, qui constitue le caractère particulier de cette nouvelle forme de la rente, a été réparti en soixante-quinze années, au bout desquelles le capital de l'emprunt devra être amorti en entier. Les conditions de cet amortissement ont été réglées, de la manière suivante, par un décret du Président de la République, en date du 16 juillet 1878 :

Tableau d'amortissement.

	SÉRIES.		ANS.
1 série par an . . .	29	De 1879 à 1907. . .	29
2 séries par an. . .	36	De 1908 à 1925. . .	18
3 séries par an. . .	39	De 1826 à 1938. . .	13
4 séries par an. . .	28	De 1939 à 1945. . .	7
5 séries par an. . .	25	De 1946 à 1950. . .	5
6 séries par an. . .	18	De 1951 à 1953. . .	3
	175		75

27. — Les inscriptions nominatives sont délivrées pour toute somme de **15** francs et les multiples de **15** francs.

Les rentes au porteur comportent les coupures ci-après désignées :

Coupures de. .	15 fr.		Coupures de. .	300 fr.	
Id.	30		Id.	600	
Id. . . .	60		Id. . . .	1,500	
Id. . . .	150		Id. . . .	3,000	

Le capital nominal des rentes amortissables appartenant à une série sortie au tirage annuel est remboursé à la caisse centrale du Trésor public, à Paris, et dans les départements, aux caisses des trésoriers payeurs généraux et des receveurs des finances sur la simple présentation du titre lorsqu'il s'agit de rente au porteur.

S'il s'agit de rente nominative, la demande de remboursement ne pourra être formée que par le titulaire de la rente ou un fondé de pouvoir après avoir pris soin de faire légaliser la signature du demandeur par un notaire ou un agent de change.

CHAPITRE III.

—

IMMATRICULATION DES RENTES AU NOM DES AYANTS DROIT

LIBELLÉ DES INSCRIPTIONS DE RENTES

28. — L'immatriculation des rentes nominatives, mixtes ou départementales, c'est-à-dire leur inscription au nom des ayants droit sur le grand-livre de la Dette publique, est soumise à des règles diverses qui varient suivant la qualité civile des parties et la nature des restrictions au droit de propriété qu'il peut y avoir lieu de mentionner dans le libellé des inscriptions de rentes.

La rédaction des libellés est simple et facile ; par exemple, lorsque la qualité civile de la partie ou l'origine de son droit de propriété lui donne la libre et entière disposition de ses biens : dans ce cas les parties n'ont qu'à indiquer exactement les nom et prénons qui doivent être mentionnés sur l'inscription de rente, en se conformant rigoureusement à l'ordre suivi dans leur acte de naissance.

29. — Mais il arrive fréquemment qu'indépendamment

des nom et prénoms du propriétaire, il est nécessaire d'énoncer non-seulement la qualité civile de la partie, mais encore les conditions particulières imposées par l'acte constitutif de la rente qui en-règlent la possession. C'est ce qui se produit lorsqu'il s'agit de rentes à inscrire au nom de filles mineures et majeures, de femmes mariées, d'interdits, d'héritiers bénéficiaires, de curateurs à une succession vacante, et, en général, chaque fois que la possession de la rente est frappée d'une clause civile ou légale qui en restreint la libre disposition.

30. — La rédaction de ces libellés est plus difficile, plus complexe ; aussi pensons-nous utile, à titre d'indication générale, de résumer ici les règles principales qui doivent être suivies pour leur rédaction.

Ces règles sont les suivantes :

1° Les noms et prénoms des rentiers à inscrire doivent être écrits lisiblement et sans aucune abréviation ;

2° Les ratures et surcharges doivent être approuvées ;

3° Les inscriptions aux noms de femmes mariées ou veuves doivent indiquer le nom de famille et les prénoms de la titulaire, les prénoms et le nom du mari ;

4° Si la titulaire n'est ni mariée ni veuve, elle recevra, si elle a vingt et un ans accomplis, la qualité de fille majeure ;

5° Les demandes concernant une fille majeure indiqueront son nom de famille, ses prénoms, et sa qualité de fille majeure ;

6° Les demandes concernant un mineur doivent indiquer, son nom de famille, ses prénoms, et porter en outre, selon le cas, l'une des mentions suivantes :

MINEUR

1° Sous l'administration légale ou sous la tutelle de son père (nom, prénoms);

2° Sous la tutelle de sa mère (nom de famille, prénoms et qualité civile);

Si la mère est remariée :

3° Sous la tutelle de sa mère (nom de famille, prénoms), veuve en premières noces de (nom) et femme en deuxièmes noces de (nom) co-tuteur ;

4° Sous la tutelle de M. (nom et prénoms);

Et s'il y a une administration spéciale :

5° Sous la tutelle de M. X... (nom et prénoms) et sous l'administration spéciale, quant à la présente rente de X... (nom, prénoms).

7° Pour les interdits, il suffit d'énoncer la tutelle sans indiquer la date du jugement : *Interdit sous la tutelle de M. X...* (nom et prénons).

De même pour les personnes pourvues d'un conseil judiciaire : *X... ayant pour conseil judiciaire X...* (nom et prénoms).

Enfin pour les aliénés non interdits, on énonce qu'ils sont sous l'administration de.....

8° Toute opération qui sera requise au profit d'une fabrique d'église ou d'une congrégation religieuse, devra mentionner le décret ou l'arrêté préfectoral autorisant l'inscription de la rente au nom de l'établissement intéressé;

Dans les cas suivants, le droit des parties, leur qualité, ainsi que toutes conditions pouvant restreindre cu étendre le droit de disposer devront être également spécifiés.

S'il s'agit :

1° De femmes mariées sous le régime de la séparation de biens ou séparées de biens, d'après un jugement ;

2° De remplois de propres, c'est-à-dire si le capital employé à l'acquisition de la rente provient de sommes touchées par la partie ou son représentant, et dont elle est forcée de faire le remploi (en rentes sur l'État ou en autres valeurs mobilières ou immobilières) conformément aux termes de son contrat ou en vertu de conventions écrites ;

3° De remploi de prix d'immeubles suivant quittances passées devant notaire. Ce mode de remploi de prix d'immeubles vendus par les parties est toujours la conséquence de conditions imposées par contrat ou par des actes authentiques ;

4° Dans le cas de restriction à l'aliénabilité de l'inscription de rente, par suite d'incessibilité : d'usufruit, de nue propriété ou de pleine propriété, par suite de réversion, de substitution ou de restitution, d'affectation en garantie, en nantissement ou cautionnement.

Les libellés se rapportant aux inscriptions de cette catégorie devront énoncer clairement la nature de la clause qui limite le droit d'aliénation de la rente, l'acte en vertu duquel cette restriction existe, et la durée de cette restriction.

Nous entrerons du reste dans des explications plus détaillées lorsque nous aurons à examiner chacun de ces cas en particulier ; il suffit pour le moment de signaler les difficultés que peut présenter la rédaction des libellés des inscriptions nominatives ou mixtes.

On ne saurait, en effet, trop appeler l'attention des rentiers sur la rédaction de ces libellés.

31. — Toute erreur ou interversion des nom, prénoms ; toute indication inexacte des qualités pourraient motiver plus tard des formalités longues et coûteuses, lorsqu'il s'agira d'opérer le transfert ou la mutation de la rente.

On trouvera d'ailleurs aux annexes publiées à la suite de ce travail un modèle des libellés qui se présentent le plus fréquemment dans la pratique.

Nous engageons nos lecteurs à consulter ces modèles avec soin, afin de pouvoir les appliquer suivant le cas auquel ils se réfèrent.

32. — L'immatriculation des rentes, c'est-à-dire l'inscription au grand-livre de la Dette publique du nom du nouveau propriétaire, s'opère conformément aux demandes des parties. En général, et particulièrement s'il s'agit de conversion de rente au porteur en rente nominative, le Trésor n'exige aucune justification à l'appui des libellés proposés (*Voir*, page 227 : *Lettre du ministre des finances au syndic des agents de change concernant le rôle du Trésor dans l'exécution des transferts*, 25 septembre 1851).

Il existe cependant quelques exceptions à cette règle, mais ces exceptions concernent spécialement les rentes à inscrire au nom d'une certaine catégorie de personnes civiles ou morales.

Notamment pour les rentes appartenant à des établissements publics ou religieux qui se trouvent soumis, quant à la possession, à des règles particulières qui seront exposées plus loin (Voir *Établissements publics et religieux, Bureaux de bienfaisance,* n° 144).

Il en est encore de même pour les rentes à inscrire au nom de sociétés industrielles ou commerciales, pour lesquelles il y a lieu de produire un exemplaire des statuts.

CHAPITRE IV.

OPÉRATIONS SUR LES RENTES.

33. — Quelle que soit la forme sous laquelle la rente est possédée, nominative, mixte ou au porteur, le rentier peut toujours à son gré changer la nature de sa rente ou l'aliéner au moyen d'un transfert, en se conformant aux prescriptions réglementaires et en justifiant, s'il y a lieu, de ses droits (Loi du 28 floréal an VII; Loi du 29 avril 1831).

Les opérations auxquelles peuvent donner lieu les rentes sur l'État se divisent en deux groupes distincts :

Dans le premier groupe se trouvent comprises les opérations effectuées pour la mutation, le renouvellement, la vente ou la conversion des valeurs nominatives. Le second groupe comprend toutes celles qui s'effectuent sur la rente au porteur.

Toutes ces opérations étaient faites autrefois par un seul agent comptable; mais en présence de l'extension du nombre de porteurs de rentes, le service des transferts, qui avait été pendant longtemps concentré au palais de la Bourse, a été divisé en deux bureaux, sous les ordres de deux agents comptables.

34. — Voici, d'après l'arrêté de réorganisation du 16 décembre 1876, les attributions respectives des deux agents comptables chargés du service des transferts :

L'agent comptable des reconversions et renouvellements des rentes au porteur, dont les bureaux sont situés au Ministère des finances (rue de Rivoli, porte A), est chargé des renouvellements des titres au porteur, de leur conversion en titres nominatifs, de leur réunion ou de leur division, etc. Tous les titres de rentes au porteur, quelle que soit l'opération demandée par les parties, doivent être déposés à ses guichets qui sont ouverts au public de dix heures à midi.

L'agent comptable des transferts et mutations effectue toutes les opérations qui concernent la rente nominative et mixte, telles que renouvellements des titres, mutations, échange contre des inscriptions de rentes mixtes, conversion en rentes au porteur, réunion ou division d'inscriptions de rentes, etc., etc. Les bureaux de ce comptable sont à la Bourse et sont ouverts au public de dix heures à onze heures et demie pour le dépôt et le retrait des titres, et de dix heures à deux heures pour la signature des certificats ou des déclarations de transferts.

35. — En dehors du service de ces deux agents comptables, un bureau spécial, dit bureau central, établi au Ministère des finances, est chargé de suivre toutes les demandes adressées au ministre, concernant la Dette inscrite, et d'y donner la suite qu'elles comportent (*Voir* n° 160).

36.—Dans les départements, les inscriptions de rentes de toute nature, nominative, mixte ou au porteur, sont reçues aux caisses des trésoriers-payeurs généraux et à celles des receveurs des finances, qui sont chargés de les faire parvenir à qui de droit et de prêter *leur entremise gratuite* pour toutes les opérations auxquelles peuvent donner lieu les rentes sur l'État et autres valeurs émises par le Trésor public.

Transferts.

37. — Toutes les opérations effectuées sur la rente, qu'il s'agisse d'achats, de ventes, de conversions, de renouvellements, de mutations à la suite de décès ou de donation, nécessitent un transfert qui est opéré en vertu d'une demande ou d'une déclaration de la partie ou de ses ayants droit.

Cette déclaration ou cette demande de transfert, signée par la partie, doit énoncer le numéro des titres, leurs sommes et la nature de l'opération.

Lorsqu'il s'agit d'opérations faites sur des rentes nominatives ou mixtes, la déclaration est accompagnée d'un certificat également signé par la partie, dont la signature et l'identité doivent être en outre certifiées par l'agent de change chargé de la négociation.

38. — Ces signatures sont données à la Bourse au bureau des transferts et mutations de dix heures à deux heures.

Toute opération comportant ou impliquant une aliénation de rentes nominatives ou mixtes a pour base :

1° La négociation proprement dite, qui s'effectue à la Bourse, par ministère d'agent de change, et qui constitue la reconnaissance de la vente constatée par la déclaration des parties;

2° Le transfert, destiné à réaliser cette négociation et qui consiste à substituer le nom du nouveau propriétaire à celui de l'ancien.

Cette substitution s'effectue en vertu de la déclaration de la partie et du certificat de transfert signé par elle et certifié par l'agent de change.

Les opérations faites sur la rente au porteur nécessitent seulement l'établissement d'une demande ou bordereau signé par la partie sans qu'il y ait lieu de faire intervenir un agent de change.

39. — Quant aux mutations opérées après décès, ou par suite de donations entre vifs ou testamentaires, la demande de transfert et la réquisition d'immatricule sont rédigées par l'officier ministériel, notaire, juge de paix ou greffier, chargé de dresser le certificat de propriété exigé par le Trésor, conformément aux dispositions de l'article 6 de la loi du 28 floréal an VII.

Enfin, à l'égard de toutes les autres opérations d'ordre, consistant en renouvellement, réunion ou division d'inscriptions de rentes, elles donnent lieu seulement à une demande formée par les parties intéressées.

40. — Il résulte de là deux sortes de transferts:

Le transfert réel et le transfert d'ordre ou mutation.

41. — Le transfert réel est toujours le résultat d'une

négociation ou d'une aliénation, et l'on considère comme telle la conversion d'une rente nominative en rente au porteur.

Tout transfert réel nécessite l'intervention d'un agent de change, qui se trouve par le seul fait de sa certification, responsable pendant cinq ans de la validité desdits transferts en ce qui concerne l'identité du propriétaire, la vérité de sa signature et des pièces produites. (Arrêté du 27 prairial an X. *Voir* page 190.)

42. — Le transfert d'ordre, généralement appelé mutation par les agents du Trésor, se produit :

Lorsqu'il n'y a pas de transmission de propriété ; dans le cas de réunion de plusieurs inscriptions de rentes par exemple, de changement d'état, de qualité, de rectification de nom ou de prénoms ;

Lorsque la propriété de la rente change de main à la suite de succession, donation ou testament. Dans ces derniers cas le transfert prend toujours le nom de mutation ;

Et, en général, pour toutes les opérations auxquelles donne lieu la rente au porteur.

Dans tous les transferts d'ordre, il n'y a pas de parties ransférantes ; aussi le ministère d'agent de change n'est-il généralement pas obligatoire.

Les parties peuvent s'adresser directement au palais de la Bourse, bureau des transferts et mutations, s'il s'agit de rentes nominatives ou mixtes ; au Ministère des finances, bureau des reconversions et renouvellements, s'il s'agit de rentes au porteur ; et dans les départements à tous les guichets des trésoriers-payeurs généraux et des receveurs des finances.

En résumé, l'intervention de l'agent de change n'est obligatoire que dans le cas où il y a aliénation totale ou partielle de la rente. La conversion des rentes nominatives ou mixtes en rentes au porteur est considérée comme une aliénation réelle, puisque les titres au porteur, remis en échange aux parties, peuvent être librement négociés sans l'intervention du Trésor et être transmis par simple tradition manuelle.

43. — Tous les dépôts de rentes faits au Trésor sont effectués avec la jouissance du trimestre ou semestre courant, c'est-à-dire que les inscriptions de rentes doivent être munies de tous les coupons non échus au moment du dépôt.

S'il s'agit de rentes nominatives, les parties devront, avant d'en opérer le dépôt, toucher le dernier terme échu, à moins que ces inscriptions ne soient frappées de déchéance quinquennale, ou qu'il y ait lieu par suite d'extinction d'usufruit de faire compte entre les nu-propriétaires et les héritiers de l'usufruitier.

44. — Toutefois à l'époque du détachement du coupon, détachement qui s'opère à la Bourse à des dates qui varient suivant la nature du fonds (3, 4, 4 1/2 ou 5 0/0), le dépôt des titres ne peut être fait qu'avec le coupon détaché. (Voir *Détachement de coupon*, n° 175.)

Opérations sur les rentes nominatives et mixtes.

45. — Les opérations qui ont trait à cette nature de rentes sont entourées de formalités bien plus complexes et plus délicates que celles qui se rapportent aux inscriptions de rentes au porteur.

Le caractère nominatif de ces valeurs, l'idée de sécurité qui s'attache à leur possession, imposaient en effet aux législateurs le devoir d'en réglementer le transfert d'une manière spéciale, capable d'assurer aux ayants droit la libre jouissance et la propriété de leurs rentes.

46. — On ne peut aliéner que ce dont on est propriétaire. Cette règle de droit commun trouve encore ici son application, car la première condition pour pouvoir transmettre une rente nominative comme celle de tout autre objet est d'en avoir la libre disposition. Nous pouvons donc poser en principe, que toute mutation ou tout transfert d'une rente nominative ou mixte doit être nécessairement requise par le titulaire de la rente ou son représentant muni de pouvoirs suffisants.

La seconde condition imposée à quiconque veut transférer une rente est d'avoir la capacité civile nécessaire pour aliéner.

La troisième, c'est que la rente ne soit pas frappée d'inaliénabilité absolue ou relative.

47. — La loi déclare en effet certaines rentes et valeurs inaliénables, au moins pendant le temps où elles sont affectées aux causes qu'elle a déterminées.

Elle a pris soin d'énumérer les cas dans lesquels les biens des personnes pouvaient être frappés d'inaliénabilité absolue ou relative; elle a fixé les conditions qui doivent être requises pour leur aliénation et déterminé en même temps la nature des autorisations qu'il y aurait lieu de produire.

Il y a lieu de distinguer sur ce dernier point les inaliénabilités qui résultent de la loi, celles qui proviennent de contrats passés soit entre les parties, soit entre les rentiers et l'État, et enfin celles qui découlent de l'acte constitutif de la rente.

En ce qui concerne les rentes sur l'État, sont considérées comme inaliénables :

1° Celles qui sont affectées à un majorat, conformément aux dispositions du décret du 1er mars 1808 ;

2° Les rentes grevées de substitution ou de restitution dans le cas où ce mode de disposer est permis ;

3° Les rentes affectées à un nantissement ;

4° Les rentes remises à l'État à titre de cautionnement dans les cas où la loi autorise ou ordonne cette affectation. Les rentes dont il s'agit ne peuvent être aliénées tant que dure le cautionnement, si ce n'est pour les causes qu'il a pour objet de garantir.

5° Les rentes appartenant aux communes et aux établissements publics et religieux, à moins d'autorisations spéciales et sous les conditions et réserves déterminées par la loi et les règlements.

48. — Les rentes nominatives peuvent être encore frappées d'inaliénabilité provisoire soit par la volonté des parties, soit en vertu de conventions purement civiles.

Ainsi l'*inaliénabilité* peut résulter de certaines clauses des constitutions dotales, lorsqu'il est déclaré, par exemple, dans le contrat de mariage, qu'une rente ne pourra pas être aliénée pendant le cours du mariage ; elle peut être aussi imposée comme condition d'une donation entre vifs ou testamentaire. Ainsi, le donateur ou le testateur qui dispose d'une rente au profit d'un tiers, peut soumettre sa libéralité à la condition que cette rente ne sera pas aliénable avant une époque désignée ou jusqu'à l'accomplissement d'un événement déterminé.

Pour assurer l'exécution de ces conditions, il est fait mention de cette inaliénabilité sur les inscriptions nominatives et, en cas d'aliénation ultérieure, le transfert ou la négociation n'est opéré, qu'à charge par les parties de justifier que ces clauses sont devenues sans objet, par suite de l'accomplissement des événements prévus ou de l'extinction des conditions qui rendaient les valeurs inaliénables (1).

Chaque inscription de rente nominative doit donc énoncer la qualité déclarée et justifiée, s'il y a lieu, de la personne à laquelle cette rente appartient. Selon cette qualité, il en résulte des effets différents qui influent soit sur la faculté ou le mode de disposer, soit sur le droit de propriété qui s'y rattache.

49. — Voici la nomenclature des opérations qui s'effectuent sur la rente nominative :

1° Achat de rentes ;

2° Vente d'inscriptions de rentes nominatives et mixtes ;

3° Conversion de rentes nominatives et de rentes mixtes en rentes au porteur ;

4° Renouvellement de rentes nominatives et mixtes ;

5° Réunion ou division d'inscriptions de rentes nominatives ou mixtes ;

---

(1) *Voir*, Substitution, Restitution, Cautionnement, Commune, Établissements publics et religieux.

6° Conversion de rentes nominatives en rentes mixtes ;

7° Conversion de rentes mixtes en rentes nominatives ;

8° Changement de qualités ;

9° Rétablissement d'inscriptions de rentes atteintes par la prescription quinquennale ;

10° Rectification de libellés ;

11° Remplacement d'inscriptions de rentes nominatives perdues ou détruites ;

12° Remplacement d'inscriptions de rentes mixtes perdues ou détruites ;

13° Mutations.

Achats de rentes nominatives.

50. — Les achats de rentes s'effectuent par le ministère d'agents de change, chargés par la loi d'être les intermédiaires entre l'acheteur et le vendeur.

A Paris et dans les villes où se trouvent des Bourses de commerce, les parties s'adressent directement à l'agent de change de leur choix ; mais en raison du nombre restreint de villes dans lesquelles exercent ces officiers ministériels et, pour rendre accessible à tous le grand marché de la Bourse de Paris, l'administration des finances a dû accorder aux rentiers habitant les départements, la faculté de recourir à l'entremise des trésoriers-payeurs généraux et des receveurs de finances pour transmettre à la Chambre syndicale des agents de change à Paris, les demandes d'achats ou de ventes qui seraient déposées à leurs bureaux.

51. — Aux termes de l'ordonnance royale du 14 avril 1819, les receveurs généraux sont chargés d'office, à la volonté des particuliers, des communes et des établissements publics, de faire effectuer pour leur compte et sans frais, *sauf ceux de courtage*, justifiés par bordereaux d'agents de change, tous les achats et ventes de rentes sur l'État qu'ils jugent à propos de leur confier. (*Instruction générale de 1859 sur la comptabilité*, article 1156. *Voir* page 244).

52. — Ces frais de courtage sont fixés à :

1/4 pour cent, pour toutes les négociations faites en vertu de pièces contentieuses, d'un jugement, d'une délibération de conseil de famille ou d'un acte authentique prescrivant un remploi ;

Et à 1/8 pour cent, pour toutes les opérations simples de vente ou d'achat ;

Ce droit est dû aussi bien par l'acheteur que par le vendeur. (*Voir* n° 204, *Tableau des droits de courtage*.)

53. — Outre le droit ci-dessus, les parties ont encore à payer le timbre proportionnel des bordereaux de vente et d'achat.

Les droits de timbre sur les bordereaux de négociation (achats et ventes) sont de 60 centimes pour toute négociation au-dessous de 10,000 francs de capital, et de 1 fr. 80 c. pour toute négociation au-dessus de cette somme.

Indépendamment de ces droits de timbre, l'État perçoit encore le droit de 10 centimes, montant du timbre de quittance, prescrit par la loi du 23 août 1871.

54. — Toute demande d'achat de rentes nominatives doit être accompagnée de l'indication du libellé à inscrire sur la nouvelle inscription (1).

Les parties n'ont pas à justifier des clauses à inscrire dans le libellé des inscriptions des rentes nominatives ; toutefois, dans quelques cas, le Trésor peut demander la production des actes et des contrats visés dans le libellé. Il est en effet, aussi intéressant pour le rentier que pour le Trésor, de ne laisser subsister aucune ambiguité dans la rédaction des libellés des inscriptions de rentes dont on aura plus tard à interpréter les clauses en cas de vente ou de mutation ultérieure (2).

Vente d'inscriptions de rentes nominatives et mixtes. — Conversion de rentes nominatives et mixtes en rentes au porteur.

55. —Ces deux opérations sont similaires, car on ne saurait trop le répéter, la conversion de valeurs nominatives en valeurs au porteur équivaut à une aliénation, puisque les titres au porteur, remis en échange aux parties, peuvent être librement négociés sans l'intervention du Trésor et être transmis par simple tradition manuelle.

---

(1) *Voir*, pour la rédaction de ces libellés, le chapitre qui traite de l'immatriculation des rentes et le chapitre contenant les modèles des libellés les plus usités.

(2) Pour les rentes à inscrire au nom des établissements publics et religieux, des communes, des fabriques, etc., *voir* le chapitre spécial qui est réservé à ces établissements (n° 144.)

56. — Elles s'effectuent toujours par le ministère d'un agent de change et ne donnent lieu à aucune difficulté, lorsque les rentes appartiennent à des personnes ayant la libre disposition de leurs biens; mais si l'inscription de rente nominative contient une qualité civile ou une mention qui en restreint la libre disposition, les parties auront à produire les pièces justifiant de leur droit, à aliéner ou à convertir, selon la nature et l'espèce de restriction mentionnée sur leurs titres.

Dans la pratique suivie à la Bourse, le vendeur remet à l'agent de change les inscriptions de rentes nominatives ou mixtes qu'il veut céder ou bien convertir en rentes au porteur.

57. — Le vendeur doit signer ensuite deux feuilles distinctes : l'une appelée certificat de transfert, qui constitue la reconnaissance de la vente ou de la conversion opérée par l'agent de change;

58. — L'autre, appelée déclaration de transfert, sert de décharge au Trésor, et constate que le propriétaire de l'inscription de rente ou son fondé de procuration spéciale s'est présenté tel jour, et qu'il a déclaré entendre que la rente dont il était le titulaire fût annulée au grand-livre de la Dette publique, pour être ensuite immatriculée au nom de qui de droit.

59. — La signature du certificat de transfert se fait généralement chez l'agent de change chargé de la vente ou de la conversion. La signature de la déclaration de transfert se donne à la Bourse de dix heures à deux heures, à partir du jour où la régularité de l'opération a

3

été reconnue par l'agent comptable des transferts et mutations.

Avis en est donné aux parties par l'agent de change chargé de la négociation ou de la conversion.

Le mécanisme d'une opération de vente ou de conversion d'une rente nominative ou mixte en rente au porteur peut en somme se résumer ainsi :

1° Dépôt de la rente chez l'agent de change et signature du certificat de transfert ;

2° Signature à là Bourse de la déclaration de transfert ;

3° Payement du prix de la vente ou livraison des nouvelles rentes au porteur provenant de la conversion.

60. — La délivrance aux parties des nouvelles inscriptions provenant de la conversion des rentes nominatives ou mixtes en rentes au porteur a lieu trois jours après la signature de la déclaration de transfert, et s'il s'agit d'une vente simple, les fonds doivent leur être remis dans un délai de cinq jours. (*Règlement de la compagnie des agents de change.* Voir *Annexes*, page 263.)

Dans tous les autres cas, ce délai varie selon la nature des pièces justificatives produites à l'appui de chaque opération.

61. — Les pièces justificatives à produire diffèrent en effet, suivant la qualité civile des possesseurs de la rente et selon la nature des restrictions énoncées sur les inscriptions.

Nous avons vu au chapitre précédent que les rentes pouvaient être frappées d'inaliénabilité absolue ou relative, soit en conformité de dispositions légales, soit en vertu de conventions purement civiles.

A ces restrictions légales ou civiles qui restreignent le droit de propriété, il convient d'ajouter ici les divers cas d'incapacité que la loi a prévus et qui résultent de la qualité civile des parties (Code civil, art. 1124).

62. — La loi considère comme incapable, toute personne ne jouissant pas de la libre disposition de ses biens ou, du moins, ne pouvant en disposer sans le consentement et l'autorisation écrite des personnes qu'elle a désignées, et dans les formes qu'elle a déterminées.

63. — Sont réputés incapables et, comme tels, ne pouvant disposer librement des rentes inscrites à leurs noms :

Les mineurs, les interdits;

Les héritiers bénéficiaires;

Les curateurs aux successions vacantes, les envoyés en possession provisoire;

Les femmes mariées, dans les cas exprimés par la loi;

Les communes;

Les établissements publics et religieux, les fabriques, bureaux de bienfaisance, etc., etc.

Voici pour chacun de ces cas, les conditions et les formalités exigées pour la vente des rentes nominatives ou pour leur conversion en rentes au porteur.

Incapables.

Mineurs. — Interdits. — Mineurs émancipés.

64. — L'aliénation ou la conversion de rentes inscrites au nom de mineurs, interdits, mineurs émancipés, exigent l'accomplissement de formalités spéciales.

Une loi récente en date du 27 février 1880 résume les principales dispositions auxquelles sont assujettis les tuteurs et les curateurs pour l'aliénation des rentes inscrites au nom des mineurs et interdits.

D'après cette loi, les rentes sur l'État qui pouvaient être aliénées autrefois par le tuteur sans aucune autorisation du conseil de famille, lorsque la quotité de ces rentes ne dépassait pas 50 francs, ne pourront plus à l'avenir être aliénées dans aucun cas sans une délibération du conseil de famille, quelle que soit la valeur de l'incription à transférer.

Cette délibération sera soumise à la formalité de l'homologation par le tribunal, si la rente à aliéner doit produire une somme supérieure à 1,500 francs.

65. — Une distinction importante a été cependant introduite par la nouvelle loi :

Jusqu'à ce jour, le Trésor avait fait une assimilation complète entre la situation du tuteur et celle du père administrateur légal des biens de ses enfants mineurs; il se fondait sur ce principe de droit qu'un administrateur ne pouvait puiser dans sa seule qualité le pouvoir de consentir une aliénation. Le transfert d'une rente au-dessus de 50 francs possédée par un mineur placé sous l'administration légale de son père n'était donc admis par le Trésor que s'il était justifié d'une autorisation du conseil de famille ou, à défaut de cette autorisation, d'un jugement de la chambre du conseil.

Cette manière de procéder, contre laquelle s'étaien elevés plusieurs jurisconsultes et qu'avait combattue ur jugement du Tribunal de la Seine, en date du 17 décem bre 1876 (affaire des mineurs Faure), doit être aujourd'hui définitivement abandonnée. La question est tranchée dans le sens de la négative, sinon par le texte même de la nouvelle loi, du moins par la discussion dont elle a été l'objet tant au Sénat qu'à la Chambre des députés. Il résulte d'ailleurs du rapport présenté au Sénat par M. Denormandie qu'en réalité, cette loi est faite contre les tuteurs, en sorte qu'elle n'est applicable en principe que là où il y a tutelle. Peu importe du reste que cette tutelle soit légale ou dative. (Séances du Sénat des 3 et 26 mai 1878.)

66.—Le père administrateur pourra donc désormais transférer les rentes appartenant à son fils mineur sans aucune autorisation quelle qu'en soit la quotité.

La qualité d'administrateur sera suffisamment constatée, soit par l'énonciation faite dans une procuration ou un certificat de propriété, soit même par l'indication portée sur le titre de rente, en cas de transfert simple, sans que le Trésor ait à rechercher si un changement est survenu entre la date des procurations, certificats de propriété ou inscriptions et la date du transfert.

67. —L'article 4 déclare les dispositions précédentes applicables aux mineurs émancipés, lorsque l'émancipation a lieu au cours de la tutelle; mais les mêmes formalités ne doivent plus être exigées quand le mineur a été émancipé pendant le mariage de ses père et mère ou lorsque l'émancipation résulte du mariage par lui contracté.

Le service des transferts ne demandera plus de délibération du conseil de famille ni pour le mineur émancipé par ses père et mère, ni pour la femme mineure agissant avec le concours de son mari.

L'article 12 portant abrogation expresse de la loi du 24 mars 1806, on doit considérer comme implicitement rapportés l'avis du Conseil d'État du 15 septembre 1807 approuvé le 18 du même mois, et celui du 17 novembre 1807 approuvé le 11 janvier suivant, qui en avaient étendu le bénéfice aux curateurs des successions vacantes et aux héritiers bénéficiaires, en leur accordant la faculté de vendre les rentes de 50 francs et au-dessous sans autorisation judiciaire.

Cette nouvelle disposition annule en conséquence les articles 12 et 13 (1re partie) de l'instruction du 1er mai 1819.

Curateurs aux successions vacantes. — Héritiers bénéficiaires.

68. —La même faculté d'aliéner les rentes de 50 francs et au-dessous a été accordée aux curateurs aux successions vacantes par un avis du Conseil d'État du 15 septembre 1807, et aux héritiers bénéficiaires par un autre avis du Conseil d'État du 17 novembre 1807. Mais à l'égard des rentes au-dessus de 50 francs, les curateurs aux successions vacantes et les hériters bénéficiaires ne peuvent en disposer sans une autorisation judiciaire.

Envoyés en possession provisoire.

69. — La même autorisation judiciaire est encore indispensable dans les cas de transfert de rentes, même au-dessous de 50 francs, aux personnes qui n'en jouissent qu'en vertu d'un envoi en possession provisoire.

Rentes appartenant à des établissements publics ou religieux.

70. — Aucun transfert de rentes inscrites au nom d'établissements publics ou religieux ne peut être effectué sans l'autorisation écrite de l'administrateur chargé du contrôle et de la surveillance de ces établissements.

Les conditions auxquelles est asujettie l'aliénation des rentes inscrites au nom d'établissements publics ou religieux ont toutes été prévues par la loi. La tutelle administrative sous laquelle ces établissements se trouvent placés nécessite des autorisations spéciales que le législateur a formulées dans chacune des lois qui traitent de l'organisation municipale ou départementale.

La nature de ces autorisations varie selon l'importance des sommes à aliéner et suivant la catégorie dans laquelle sont classés les différents établissements publics ou religieux placés sous la tutelle administrative (1).

---

(1) Nous avons résumé dans un chapitre spécial, auquel on devra se reporter, toutes les règles qui se rapportent à l'acquisition ou à l'aliénation des rentes inscrites ou à inscrire au nom des établissements publics ou religieux (*Voir* chapitre V, page 82).

Rentes grevées d'usufruit.

71. — Les rentes inscrites au nom d'une personne pour la nue propriété et d'une autre personne pour l'usufruit ne peuvent être inscrites au nom seul du nu-propriétaire sans le concours de l'usufruitier, à moins qu'il ne soit justifié de l'extinction des droits de ce dernier.

72. — Les usufruitiers aussi bien que les nu-propriétaires peuvent cependant céder séparément les droits qui leur appartiennent ; mais cette cession devant être faite en dehors de toute ingérence administrative, ils devront rapporter à l'appui du transfert un certificat de propriété qui leur sera délivré par le notaire détenteur de la minute de l'acte authentique translatif du droit de propriété.

Si l'extinction du droit d'usufruit provient du décès de l'usufruitier, il suffira de produire l'acte dûment légalisé de son décès et le cas échéant le certificat de vie du nu-propriétaire (Voir *Certificat de vie*).

Dans les cas où l'usufruit doit cesser par la réalisation ou l'accomplissement d'actes ou d'événements, tels que mariage, majorité, veuvage, naissance, etc., etc., il sera nécessaire de produire à l'appui du transfert l'acte constatant l'accomplissement de la condition prévue.

73. — Aux termes du décret du 14 ventôse an III (4 mars 1795), il n'est pas délivré de duplicata des inscriptions de rentes au grand-livre ; mais comme les nu-propriétaires non munis du titre, qui dans les circonstances ordinaires reste entre les mains de l'usufruitier, peuvent cependant avoir intérêt à posséder une preuve authentique de leurs droits, le directeur de la Dette inscrite leur délivre, sous forme de lettre, un certificat relatant l'immatricule de la rente dans laquelle ils figurent. La délivrance de ce certificat a lieu sur la demande des intéressés adressée au ministre des finances, direction de la Dette inscrite.

Cette lettre, constatant leurs droits, remplace entre leurs mains un second titre dont ils n'auraient que faire, et dont la délivrance est d'ailleurs interdite par le décret de ventôse an III dont nous donnons ci-dessous le texte exact.

« Les créanciers de la nue-propriété des inscrip-
« tions sur le grand-livre ne pourront pas réclamer des
« extraits de leur inscription, leurs droits étant suffi-
« samment établis et garantis par la mention faite sur le
« grand-livre ; mais lorsqu'ils voudront disposer de
« cette nue-propriété, ils en feront la déclaration devant
« un juge de paix ou un notaire. »

Une loi postérieure a restreint à cet égard la compétence des juges de paix ; les parties doivent donc s'adresser directement à leurs notaires.

Femmes mariées sous le régime de la communauté.

74. — Sous le régime de la communauté, le mari est non-seulement chargé de l'administration des biens de la communauté, mais il est encore chargé par la loi de l'administration des biens personnels de la femme (Art. 1428, Code civil).

75. — Maître de la communauté, le mari administre

seul les biens qui la composent : il peut donc transférer sans le concours de sa femme les rentes inscrites aux noms du mari et de la femme ou au nom de celle-ci seulement, s'il est établi que ces rentes dépendent de la communauté.

Mais, comme cette preuve ne résulte pas toujours de la date d'acquisition, qui peut avoir eu pour objet un remploi de propres, le Trésor est fondé à exiger la production d'un certificat de propriété délivré, conformément à la loi du 28 floréal an VII, article 6, par le notaire de la famille, attestant que ladite inscription de rente dépend de la communauté. A défaut de cette justification, le transfert ne peut être valablement opéré qu'avec le concours de la femme.

S'il s'agit de réaliser la conversion ou le transfert de rentes inscrites au nom seul de la femme et que ces rentes soient reconnues appartenir en propre à la femme, le transfert doit être signé par les deux époux ou par leurs mandataires.

76. — Dans le cas où il n'existerait pas de contrat de mariage pouvant servir de preuve à la communauté des biens, et lorsque le mariage est postérieur à la loi du 18 juillet 1850, il suffira que la partie produise au notaire l'extrait de l'acte de mariage constatant qu'il n'a pas été fait de contrat ; et, si le mariage est antérieur à cette date, il y aura lieu de faire dresser un acte de notoriété.

Femmes séparées de biens.

77. — L'article 1449 du Code civil reconnaît à la femme séparée soit de corps et de biens, soit de biens seulement, le droit de disposer et d'aliéner librement ses biens mobiliers.

Les rentes sur l'État étant meubles par la détermination de la loi (art. 529, Code civil), les femmes séparées de biens peuvent donc aliéner les rentes inscrites à leurs noms sans le concours et sans l'autorisation du mari.

Pendant longtemps, la jurisprudence du Ministère des finances avait fait une distinction entre les femmes judiciairement séparées de biens et celles séparées par contrat. Cette distinction n'existe plus; une décision ministérielle du 23 octobre 1831, rendue en interprétation d'une décision antérieure en date du 2 février 1816, a reconnu le même droit d'aliénation à toutes les femmes séparées de biens.

78. — Malgré cette jurisprudence, la Chambre syndicale des agents de change continue d'exiger, en cas d'aliénation de rentes sur l'État appartenant à des femmes mariées sous le régime de la séparation de biens, l'autorisation du mari ou de la justice.

Nous n'avons pas à nous prononcer ici sur le bien-fondé des exigences de la Chambre syndicale des agents de change, le but de notre ouvrage étant simplement d'indiquer aux titulaires des inscriptions de rentes sur l'État la marche à suivre pour la négociation de ces valeurs et les formalités qu'ils auront à remplir. Nous nous contentons de donner ici la marche suivie par la chambre syndicale.

Les pièces à produire à l'agent de change chargé de la vente diffèrent selon la nature de la séparation.

Dans le cas de séparation contractuelle, la partie n'aura qu'à produire copie de son contrat de mariage; s'il s'agit au contraire de femmes séparées judiciairement de biens, la partie devra fournir copie du jugement qui a prononcé la séparation des biens (Voy. *Jugements*).

Rentes inscrites au nom de femmes dotales.

79.—Les rentes inscrites au nom de femmes mariées sous le régime dotal peuvent être aliénées soit par le mari seul, comme maître de la dot mobilière, soit par les deux époux conjointement.

L'aliénabilité de la dot mobilière par le mari seul ou par les deux époux conjointement, est un principe consacré aujourd'hui par la jurisprudence toutes les fois que le contrat qui régit les conventions matrimoniales a gardé le silence sur ce point, sous la seule réserve des garanties hypothécaires et du recours ultérieur que la loi accorde à la femme pour la conservation de sa dot, (*Voir* décision de la Cour des comptes du 15 juin 1877, page 254).

Au point de vue du transfert des rentes dotales, lorsqu'il n'existe aucune mention d'inaliénabilité sur les inscriptions de rentes frappées de dotalité (et que le contrat de mariage n'en fait également pas mention), il est procédé au transfert sans se préoccuper, dans un cas ou dans l'autre, de la clause de remploi; les agents de change ou le notaire de la partie étant seuls chargés de suivre l'emploi des fonds provenant de la vente.

Si l'inscription de rente mentionne une clause quelconque d'inaliénabilité, le Trésor peut exiger un jugement autorisant le transfert et déterminant les conséquences de la totalité de l'inscription de rente.

80. — La femme dotale peut également avoir le droit d'aliéner les rentes inscrites à son nom, lorsque, par exemple, les stipulations de son contrat de mariage permettent cette aliénation à charge de remploi. — Dans ce cas, l'agent de change chargé de la négociation exige la production de l'expédition du contrat de mariage, et le Trésor passe outre à l'opération et au transfert en laissant, comme nous venons de le dire, les officiers ministériels seuls responsables du remploi de fonds qui doit être opéré.

81. — L'aliénation d'une rente dotale peut être aussi autorisée par jugement, dans les cas prévus par les articles 1555 et suivants du Code civil. Le transfert est alors opéré sur la production d'un jugement ayant acquis l'autorité de la chose jugée, énonçant en entier l'immatricule de la rente à transférer et spécifiant, en outre, que l'agent de change est seul responsable de l'accomplissement des conditions auxquelles le tribunal a subordonné l'aliénation.

82. — En général, la vente et la conversion des rentes frappées de dotalité s'opèrent par l'entremise des notaires des parties. Les pièces nécessaires au transfert, contrat de mariage, jugement d'autorisation, etc., sont alors remises par le notaire à l'agent de change chargé d'opérer la négociation de ces valeurs.

Renouvellement des inscriptions de rentes nominatives ou mixtes.

83. — Lorsque les inscriptions de rentes mixtes se trouvent démunies de coupons ou que les cases situées au dos de chaque inscription nominative pour constater le payement des arrérages se trouvent remplies, il faut déposer ces titres au palais de la Bourse, bureau des transferts et mutations, qui procède gratuitement au renouvellement.

84. — Ici, comme il n'y a pas à constater de mutation dans la propriété, puisque le renouvellement n'est qu'une opération d'ordre, les justifications à produire sont de peu d'importance. Elles consistent en un certificat constatant l'*existence* et l'*identité* du titulaire. Cette pièce est délivrée sur timbre, soit par un notaire, soit par le maire de la commune où réside le rentier. Les signatures doivent être légalisées (Voir *Légalisation*).

85. — Cette légalisation n'est pas exigée par le Trésor lorsqu'il s'agit des signatures des notaires et des maires du département de la Seine.

86. — Si plusieurs rentiers ont simultanément la jouissance de la rente, le certificat de vie de chacun d'eux est nécessaire. S'ils sont inscrits pour ne jouir de la rente que tour à tour, le premier en titre est seul astreint à cette justification.

Si la rente est soumise à un usufruit, c'est le certificat de vie de l'usufruitier qui est exigible.

La production d'un certificat de vie est exigée autant dans l'intérêt du rentier que dans celui du Trésor : elle a pour objet d'empêcher les détenteurs momentanés de titres perdus, soustraits ou détournés d'une succession de jouir indéfiniment de la faculté accordée à tout porteur d'une inscription de rente nominative d'en toucher les arrérages sur la présentation du titre. Elle permet de s'assurer que la propriété est toujours dans les mêmes mains et qu'elle n'a conséquemment pas donné lieu à l'ouverture des droits de mutation, exigibles seulement après le décès du titulaire.

Renouvellement d'inscriptions nominatives appartenant à des personnes morales.

87. — Quand il se trouve en présence de rentes nominatives inscrites aux noms de personnes morales, telles qu'un département, une commune, une fabrique, une communauté religieuse autorisée, etc., le Trésor n'a pas à exiger pour le renouvellement décennal le certificat de vie imposé aux particuliers par la décision ministérielle du 10 avril 1827.

L'existence de ces créanciers est en quelque sorte notoire ; s'il y avait eu en effet, soit dissolution d'une communauté religieuse ou d'une société d'assurances, soit suppression d'une fabrique ou d'une cure, les actes

législatifs ou administratifs d'autorisation auraient nécessairement prévu et réglementé la liquidation de leurs
biens, aussi, se contente-t-on, en général, de la
production du titre, accompagné d'une simple demande
de renouvellemnt formulée par l'administrateur qui a
ordinairement la garde du titre ou qui en perçoit les
arrérages.

Ainsi seront compétents pour faire ces demandes:

S'il s'agit d'une rente appartenant à la commune, le
maire ou le receveur municipal;

S'il s'agit d'un hospice, d'un asile d'aliénés, d'un bureau de bienfaisance, le trésorier de l'établissement ou
le président du conseil d'administration; s'il s'agit d'une
communauté religieuse, le supérieur;

S'il s'agit d'un département, le préfet;

S'il s'agit d'une rente consacrée à un service purement religieux, le curé ou le desservant;

S'il s'agit d'une fabrique, le trésorier de la fabrique.

Cette énumération ne peut être évidemment ni limitative ni absolue. Nous n'avons voulu envisager que les
cas les plus fréquents.

Réunion ou division d'inscriptions de rentes nominatives ou mixtes.

88. — La loi n'a pas fixé de maximum inscriptible au
grand-livre de la Dette publique.

Elle a seulement abaissé, par diverses lois successives, le minimum inscriptible jusqu'à la somme de
3 francs de rentes (Loi du 27 juillet 1870).

Pour la rente mixte, pourvue de coupons au porteur, le maximum des coupures a été fixé comme suit:

$$\text{Rente } 5\ 0/0 - \text{maximum} \ldots\ldots\ldots\ldots \quad 5,000 \text{ fr.}$$
$$\text{Rente } 3\ 0/0 - \text{maximum} \ldots\ldots\ldots\ldots \quad 3,000 -$$

Dans ces limites maxima et minima, les rentiers ont la faculté de réunir ou de diviser les inscriptions de rentes dont ils sont propriétaires. Cet échange est entièrement gratuit.

En cas de réunion, le Trésor procède à l'opération, pourvu que le libellé des inscriptions à réunir soit entièrement identique.

89. — Il est procédé de même à la division des inscriptions de rentes, mais cette division est contraire à l'esprit de la loi du 24 août 1793 qui a posé en principe l'unité de compte, en disposant que toutes les rentes appartenant à un même titulaire seraient inscrites à son compte, dont il lui serait délivré un seul extrait.

Aussi le Trésor s'efforce-t-il, chaque fois qu'il en trouve l'occasion, de faire réunir en une seule inscription les rentes appartenant à une même personne. Les rentiers ont eux-mêmes intérêt à cette réunion, car elle facilite le payement de leurs arrérages et diminue les chances de perte auxquelles ils sont exposés.

90. — Comme pour le renouvellement des inscriptions de rentes, il n'est exigé pour les opérations de réunion ou de division aucune justification du droit de propriété de la rente, le libellé des nouvelles inscriptions devant être le même que celui des titres déposés. Mais, pour les mêmes motifs que ceux exposés au paragraphe précédent, l'administration des finances est toujours en droit de demander la production d'un certificat de vie.

91. — Le dépôt et le retrait des titres mixtes s'opère à la Bourse, de 10 heures à 11 heures 1/2; mais pour les inscriptions purement nominatives, le public est admis jusqu'à 3 heures.

Rentes nominatives à convertir en rentes mixtes.

92. — Cette opération peut se faire directement par les parties elles-mêmes, aux bureaux du Ministère des finances; elle nécessite seulement une déclaration du titulaire, qui doit être certifiée par un agent de change ou un notaire (Décret du 18 juin 1864. *Voir* modèle de cette déclaration, page 320,.

Cette déclaration, par assimilation aux transferts, est exempte dès droits de timbre et d'enregistrement; mais la signature de l'officier ministériel qui l'aura certifiée devra être légalisée, à moins que ce ne soit celle d'un notaire du département de la Seine, ou celle d'un agent de change de Paris.

93. — Nous avons vu plus haut que les rentes mixtes, c'est-à-dire les rentes nominatives pourvues de coupons d'arrérages au porteur, ne pouvaient être possédées que par des personnes jouissant de la libre disposition de leurs biens.

94. — Une exception est cependant faite à ce principe en faveur des femmes mariées, qui, bien que reconnues incapables, sont autorisées à convertir en rentes mixtes les rentes nominatives inscrites à leur nom, lorsqu'il n'existe sur ces inscriptions nominatives aucune mention de régime ; c'est-à-dire lorsque le libellé de l'inscription ne comporte que le nom et les prénoms de la femme et sa qualité civile de femme de X...

Conformément aux règles suivies pour les transferts, la déclaration d'échange doit être faite par la femme conjointement avec son mari, à moins toutefois que celui-ci n'établisse par un certificat de propriété que les rentes inscrites au nom de sa femme dépendent de la communauté.

95. — Le dépôt des titres se fait à la Bourse, bureau des transferts et mutations, de dix heures à onze heures et demie.

Conversion de rentes mixtes en rentes nominatives.

96. — Cette opération constitue un simple échange qui ne donne lieu à aucune justification. Le dépôt des titres peut s'effectuer directement à la Bourse, bureau des transferts et mutations, de dix heures à onze heures et demie.

Les titres déposés doivent être munis de tous les coupons d'arrérages non échus à la date du dépôt (Voir *Détachement des coupons*, n° 175).

97. — La délivrance des nouvelles inscriptions s'effectue généralement dans un délai maximum de trois jours sur la représentation du récépissé de dépôt remis à la partie.

98. — Dans le cas où des arrérages seraient échus,

au moment du dépôt, sur les inscriptions de rentes mixtes déposées, des coupons spéciaux pour le payements des arrérages seront remis aux parties en même temps que les nouvelles inscriptions.

Changements de qualité.

99. — Les modifications successives du droit de disposer qui résultent de changements survenus dans la qualité civile des parties, soit par la majorité ou le mariage, soit par la viduité ou l'interdiction, ou pour toute autre cause, nécessitent la modification des libellés des rentes inscrites au nom des titulaires.

Ces changements de qualité sont opérés sur la demande des parties ou des intéressés, et sur le vu des pièces établissant la nouvelle qualité civile du titulaire.

Ces modifications sont faites :

100. — En cas de majorité, sur le vu de l'acte de naissance ; en cas de mariage, sur le vu des actes de l'état civil qui le constatent.

Dans le cas de veuvage ou de viduité, comme il peut y avoir un compte à régler entre les héritiers et l'époux survivant, le Trésor n'opère le transfert que sur la production d'un certificat de propriété délivré par le notaire compétent.

En cas de changement de tutelle, sur la production d'un extrait de la délibération du conseil de famille ;

Enfin dans le cas d'interdiction, la modification du libellé des inscriptions de rentes n'a lieu que sur la production du jugement qui déclare l'interdiction ou qui y met fin.

Toutes les pièces produites doivent être sur papier timbré et dûment légalisées.

Rectifications.

101. — Diverses erreurs peuvent se commettre dans une inscription de rente. L'intéressé qui découvre dans la manière dont il est inscrit une inexactitude, même légère, doit dans son propre intérêt en faire immédiatement la remarque, et déposer ou envoyer au Trésor le titre à rectifier (Bureau central de la Dette inscrite).

Si l'erreur est imputable à l'administration, elle est réparée immédiatement et sans aucun frais.

102. — Si elle provient au contraire, soit de l'agent de change qui a transféré la rente, soit du notaire rédacteur du certificat de propriété ayant servi de base à l'opération, soit enfin de la personne qui, par suite de conversion ou autrement, a fait la demande d'inscription, la Dette inscrite exige certaines justifications, dont la production incombe à l'officier ministériel fautif ou au titulaire lui-même.

Ces pièces sont, suivant les cas, un certificat rectificatif dressé par un agent de change, assisté de l'un de ses collègues, un certificat de propriété rectificatif, ou un acte de notoriété, etc.

Nous ne parlons ici, bien entendu, que d'erreurs relativement légères, telles qu'oubli, ou interversion de prénoms, omission de clauses accessoires, différences dans l'orthographe des noms, etc.

103. — Mais si la rectification demandée avait pour résultat de changer le fonds même de l'inscription, ou par exemple de modifier essentiellement les droits présents ou éventuels des propriétaires de la rente ; si surtout il s'agissait de la rétrocession au nom d'un tiers d'une rente acquise par erreur, les justifications à fournir ne seraient plus aussi simples. Le Trésor, partant de ce principe, qu'un titulaire inscrit au grand-livre ne peut plus être dépossédé de sa rente sans son consentement, exige pour une opération aussi grave, soit un nouveau transfert dans la forme ordinaire, soit un jugement : il demande en un mot des actes authentiques suffisants pour dégager sa responsabilité vis-à-vis des tiers.

Rétablissement de rentes nominatives et mixtes.

104. — Quoique le capital des rentes sur l'État soit imprescriptible, ainsi que nous l'avons vu au chapitre qui traite des caractères généraux de la rente, le Trésor n'en procède pas moins à la radiation du nom du titulaire, lorsqu'il s'est écoulé un certain délai depuis son inscription au grand-livre de la Dette publique sans que les arrérages aient été touchés.

Ce délai, calculé depuis la date de la première échéance de la rente, est de cinq ans pour la rente nominative, et de quinze ans pour la rente mixte.

105. — Les rentes sont alors inscrites à un compte

spécial ouvert au grand-livre de la Dette publique, sous le nom de compte des portions non réclamées, pour être plus tard, s'il y a lieu, réinscrites au nom du titulaire.

106. — Une fois la radiation opérée, le rétablissement de ladite rente au grand-livre ne peut être être effectué au nom du titulaire ou de ses ayants droit que sur une demande timbrée adressée par les parties au Ministère des finances, direction de la Dette inscrite (bureau central), appuyée du certificat de vie et d'identité prescrit par le décret du 10 avril 1827 (1).

Rentes nominatives perdues, détruites ou volées. Remplacement des titres.

107. — En cas de perte, de destruction ou de vol d'inscriptions de rentes nominatives, les titulaires de ces inscriptions ou leurs représentants dûment autorisés devront immédiatement former opposition au transfert et au payement des arrérages de ces rentes entre les mains du directeur de la Dette inscrite.

108. — Malgré le caractère d'insaisissabilité de la rente, la loi a reconnu aux titulaires des inscriptions le droit de former opposition au payement et au transfert de leurs rentes. Cette opposition peut être effectuée soit en vertu d'un acte d'huissier, soit sur une simple demande adressée par les parties au directeur de la Dette inscrite (2).

---

(1) *Voir* Prescription, n° 177.
(2) *Voir* Oppositions, Insaisissabilité, Empêchements administratifs, n° 161.

Cet acte d'opposition suffit pour empêcher tout transfert et suspendre le payement des arrérages ; mais pour obtenir le remplacement des inscriptions de rentes perdues, les rentiers doivent produire, en outre, une déclaration de perte faite devant le maire de leur domicile, en présence de deux témoins chargés de constater leur identité, dans la forme prescrite par le décret du 3 messidor an XII.

Voici les termes de ce décret :

Art. 1er. A l'avenir, il ne sera plus délivré de duplicata des extraits d'inscription au grand-livre de la Dette consolidée et de la Dette viagère.

Art. 2. Les rentiers qui auraient perdu leurs extraits d'inscriptions en feront la déclaration devant le maire de la commune de leur domicile.

Cette déclaration, faite en présence de deux témoins qui constateront l'individualité du déclarant, sera assujettie au droit fixe d'enregistrement et devra être rédigée sur papier timbré.

Art. 3. Ladite déclaration sera rapportée au Trésor public. Après en avoir fait constater la régularité, le ministre du Trésor public autorisera le directeur du grand-livre à débiter le compte de l'inscription perdue, et à la porter à un compte nouveau par un transfert de forme. Il sera remis au réclamant un extrait original de ce nouveau compte.

Art. 4. Le transfert de forme, autorisé par l'article précédent, aura lieu dans le semestre qui suivra celui pendant lequel la demande d'une nouvelle inscription aura été adressée au ministre du Trésor public (1).

Remplacement de rentes mixtes perdues détruites ou volées.

109. — Les dispositions qui précèdent sont également applicables aux rentes mixtes créées par le décret du 18 juin 1864.

Les propriétaires de ces rentes sont admis, conformément aux dispositions de la loi du 22 floréal an VII, à former opposition au transfert de ces inscriptions; mais les coupons attachés à ces rentes étant au porteur, il n'est pas possible d'étendre cette faculté d'opposition au payement des arrérages.

110. — Comme pour la rente nominative, le remplacement des inscriptions de rentes mixtes ne peut être autorisé que sur la production de la déclaration de perte prescrite par le décret précité du 3 messidor an XII; mais si des coupons d'arrérages sont ou devaient être attenant aux titres perdus, le Trésor exige le dépôt préalable d'un cautionnement représentant le montant des coupons échus et non payés, ou restant encore à échoir, et dont le possesseur pourrait réclamer ultérieurement le payement s'ils étaient retrouvés.

111. — La durée de ce cautionnement est de cinq ans pour chaque coupon, à partir de son échéance. « Toutefois, « si l'intéressé déclare ne pouvoir fournir le cautionne-

---

(1) *Voir* Déclaration de perte, page 293.

« ment exigé, il peut y être supplée en vertu d'une dé-
« cision spéciale rendue sur la proposition du directeur
« de la Dette inscrite, de la manière suivante :

« En remplacement de l'inscription mixte perdue, il
« est créé, au nom du titulaire, deux inscriptions pu-
« rement nominatives représentant chacune la moitié
« de celle dont la perte aura été déclarée de la manière
« indiquée ci-dessus.

« L'une de ces inscriptions est remise au réclamant ;
« l'autre, représentant un capital supérieur au montant
« des coupons d'intérêts à payer, est conservée par le
« Trésor pour être affectée au cautionnement jusqu'à
« l'expiration de la cinquième année, à partir de l'é-
« chéance du dernier coupon. » (Décision ministérielle
du 12 février 1869.)

En représentation de l'inscription de rente nominative
déposée pour cautionnement, il est remis aux parties
un bordereau d'annuel, au moyen duquel elles peuvent
toucher les arrérages de la rente déposée en garantie.

Mutations

*Donations entre vifs ou testamentaires, jugements
par décès, etc.*

112. — Nous venons d'examiner les opérations se
rapportant à la transmission, à titre onéreux, de la propriété des rentes sur l'État qui constituent le transfert
réel de cette propriété à des tiers. Nous avons vu que
le mode suivi pour cette transmission s'appliquait éga-

lement à la conversion des valeurs nominatives en valeurs au porteur.

Il nous reste maintenant à traiter des mutations de propriété à titre purement gratuit.

Ces mutations sont toujours la conséquence d'actes translatifs de la propriété de la rente, dressés, soit à la suite de décès, soit en vertu de dispositions testamentaires ou d'actes de donation entre vifs, soit en vertu de jugements.

Ici, l'intervention de l'agent de change n'est plus nécessaire. Les personnes qui réclament le transfert à leur nom, d'une inscription de rente immatriculée au nom d'un titulaire dont elles se prétendent les représentants ou ayants cause, peuvent s'adresser directement au Trésor (bureau des transferts et mutations à la Bourse), munies des pièces justificatives de leur droit de propriété.

113. — Quoique les pièces qui établissent le droit des parties soient aussi variables que les actes attributifs ou constitutifs de ce droit lui-même, le Trésor n'exige que la production du certificat de propriété délivré aux parties conformément aux prescriptions de l'article 6 de la loi du 28 floréal an VII (17 mai 1799).

Ce certificat de propriété doit énoncer :

1° Les noms et prénoms de ou des héritiers, légataires ou donataires ;

2° La qualité en laquelle ils procèdent ;

3° La portion de rente qui leur appartient, s'ils ne réclament pas la totalité du montant de l'inscription de rente ;

4° L'époque à partir de laquelle doit commencer la jouissance des arrérages;

5° Il devra viser en outre tous les actes en vertu desquels la mutation de la rente est demandée.

Tout acte visé doit exister en minute dans les archives du notaire chargé de l'opération, ou avoir été déposé au rang de ses minutes, s'il a été rédigé par un de ses confrères.

L'identité des personnes, la vérification des pièces, les qualités et les droits à la propriété sont certifiés, sous la responsabilité des officiers publics et ministériels que la loi a désignés à cet effet.

114. — La délivrance aux ayants droit des certificats de propriété est faite par le notaire détenteur de la minute, soit du testament reçu par lui ou déposé en son étude, soit de l'intitulé d'inventaire ou de l'acte de partage, soit du contrat de mariage ou d'un acte de délivrance de legs, ou enfin dépositaire de tout autre acte authentique d'où résulterait le droit du requérant.

Dans le cas où il n'aurait été trouvé ni inventaire, ni acte de liquidation ou de partage, et où il n'existerait aucun testament public, le certificat de propriété nécessaire pour la justification des droits de l'héritier peut être délivré par le juge de paix du domicile du défunt, sur l'attestation de deux témoins.

Enfin lorsque, par suite de contestations judiciaires, les droits des nouveaux propriétaires auront été établis par jugement, le certificat de propriété pourra être rédigé par le greffier du tribunal qui aura prononcé le jugement. Ces jugements ainsi que tous ceux qui ordonnent la vente d'inscription de rentes ne sont exécutoires que sur la production de certificats constatant leur signification à domicile, et la preuve qu'il n'est survenu aucune opposition ni appel.

Quoique la loi autorise les juges de paix à délivrer les certificats de propriété dans les cas ci-dessus spécifiés, la compétence des notaires n'en reste pas moins entière. Ces officiers ministériels peuvent toujours, quels que soient les cas, délivrer les certificats de propriété, alors même que le juge de paix ou le greffier du tribunal serait en droit de le faire.

115. — Chacun des certificats de propriété produits doit énoncer en tête la copie de l'immatricule de l'inscription de rente qu'il s'agit de transférer, et analyser successivement et sommairement les actes divers en vertu desquels la mutation a lieu. Il doit enfin se terminer par la réquisition de l'immatricule à donner aux nouvelles inscriptions.

116. — Pour toutes mutations de rentes inscrites en totalité ou en partie au nom du titulaire dont le décès est postérieur à la loi du 18 mai 1850, il y a lieu de produire avec le certificat de propriété, un certificat du receveur de l'enregistrement attestant, que la rente dont il s'agit a été comprise dans la déclaration de biens faite à l'époque du décès, et que les droits ont été perçus, s'il y a lieu.

Ces certificats, délivrés par le receveur de l'enregistrement sont visés par le directeur du département dont la signature est elle-même légalisée par le préfet (Voir *Droits de mutation et de transmission*, page 133).

4.

La production du certificat de l'enregistrement est toujours demandée par le bureau des transferts, même dans les cas où la mutation dont il s'agit n'est passible d'aucun droit.

La Dette inscrite n'a pas ici à examiner si la mutation donne ouverture à la perception du droit ; c'est au receveur de l'enregistrement, chargé de percevoir, que seul il appartient de statuer sur ce point. La production du certificat prescrit par la loi du 8 juillet 1852 lui suffit.

Mais il est des cas exceptionnels où les rentes sur l'État, bien qu'inscrites au nom de personnes décédées, ne sont pas assujetties au droit de mutation.

L'extrait ci-après de l'instruction émanant de la Direction générale de l'enregistrement résume la matière en ce qui touche les certificats de cette nature à délivrer par les receveurs de l'enregistrement.

« ..... § 6. — *Délivrance des certificats de payement de droits de succession en matière de rentes sur l'État.* »

« Il est des cas exceptionnels où des titres de rentes
« sur l'État, bien qu'inscrits au nom de personnes dé-
« cédées, ne sont cependant pas assujettis à l'impôt de
« mutation par décès.

« C'est ce qui a lieu notamment en matière de rentes
« dépendant de successions ouvertes dans les colonies,
« où les transmissions par décès sont exemptes d'impôt
« en matière de rente immatriculée au nom du mari et
« absorbée par les reprises de la femme survivante, ou
« recueillie en exécution d'une convention de mariage,

« ou enfin lorsqu'il s'agit d'inscriptions immatriculées
« au nom de certains fidéi-commissaires étrangers qui
« n'ont sur les rentes aucun droit de propriété même
« apparent.

« Dans tous les cas, et bien que l'impôt ne soit pas
« dû, le service des transferts n'en n'exige pas moins la
« représentation d'un certificat délivré par le receveur
« de l'enregistrement, par application de l'article 25 de
« la loi du 8 juillet 1852.

« Afin d'éviter le retour des difficultés qui se sont
« souvent produites à cet égard, l'administration a
« adopté, pour la rédaction du nouveau modèle de cer-
« tificat, § 1er, une formule générale qui est employée
« lorsqu'il s'agit de rentes non sujettes à l'impôt.

« Toute délivrance de certificat, non précédée de
« payement des droits de mutation par décès, donnera
« lieu à une déclaration dressée en la forme usitée et
« par laquelle les héritiers feront connaître les circon-
« stances qui s'opposent à l'exigibilité des droits. »

117. — Quant aux mutations de rentes provenant de
successions ouvertes à l'étranger, les certificats de propriété délivrés par les magistrats autorisés par les lois
du pays ne seront admis qu'après avoir été légalisés par
les autorités locales et par le consul de France. La signature du consul devra en outre être aussi légalisée
par le ministre des affaires étrangères à Paris.

118. — Mais comme la délivrance des certificats de
propriété qui émanent de l'étranger est attribuée aux
magistrats du pays, et qu'il peut être élevé quelque-
fois des doutes sur la vérité de cette qualité, il faudra

produire en outre un certificat de coutume, attestant que les signataires des certificats de propriété dont il s'agit ont véritablement caractère pour les délivrer conformément aux lois de leur pays et à la nature des fonctions qu'ils y exercent.

Nous publions, page 111, deux notes émanant du Ministère des finances, concernant la forme dans laquelle doivent être rédigés les certificats de propriété, et la compétence des officiers ministériels qui peuvent être appelés à les délivrer.

Opérations sur les rentes au porteur.

119. — A l'exception des opérations d'achat et de vente de rentes au porteur, pour lesquelles la remise des titres se fait aux agents de change, le dépôt des titres pour toutes les autres opérations, quelle qu'en soit la nature, se fait au Ministère des finances à Paris, bureau des reconversions et renouvellements, de dix heures à midi, et dans les départements aux caisses des trésoriers-payeurs généraux et des receveurs de finances.

120. — Les titres déposés doivent être munis de tous les coupons non encore échus à la date du dépôt ; aucun transfert de rente ne pouvant avoir lieu qu'avec la jouissance courante.

Il peut arriver cependant que des coupons détachés par anticipation ou accidentellement détruits manquent à une inscription présentée au Trésor. Dans ce cas, l'opération n'est autorisée qu'après le dépôt d'un cautionnement d'une valeur égale au montant des coupons disparus ou manquants.

121. — Ce cautionnement peut être réalisé de deux manières :

Si la valeur des coupons à garantir est de peu d'importance, l'intéressé n'a qu'à verser à l'une des caisses du Trésor, qui lui en donne reçu, la somme représentative des coupons absents. Ce dépôt ne porte pas intérêt.

Si au contraire la somme des coupons manquants est assez importante, les parties peuvent déposer en garantie une somme de rente suffisante pour couvrir le Trésor de tous risques ; mais elles n'ont intérêt à employer ce dernier moyen que si la somme permet de réaliser l'achat d'une rente d'au moins 3 francs. Dans ce cas, la partie est admise à substituer au dépôt en numéraire un cautionnement en rente.

La durée de ce nantissement est de cinq ans à compter de l'échéance de chaque coupon manquant.

122. — *Bordereau.* Tout dépôt de titre doit être accompagné d'un bordereau indiquant le numéro de chaque titre, la somme de rentes et, s'il s'agit de rente amortissable, le numéro de la série. Le classement des titres doit être fait en commençant par les coupures de plus faible valeur et par ordre de série, s'il y a lieu.

Dans un tableau placé en bas de chaque bordereau, les parties indiqueront les coupures de rentes qu'elles voudront obtenir en échange, et dans le cas de conversion d'une rente au porteur en rente nominative, elles auront à rédiger le libellé ou l'immatricule qui devra être donné à la nouvelle rente. (Voyez *Immatriculation des rentes. — Libellés.*)

Chaque bordereau doit être signé *lisiblement* par le déposant et indiquer en outre son domicile (Voyez *Modèles de bordereaux*, page 307 et suivantes)

123. — *Récépissé de dépôt.* A Paris, il est remis à chaque déposant en échange de ses titres, un récépissé de dépôt signé par l'agent comptable des reconversions et renouvellements des rentes au porteur, et visé par le contrôle, conformément aux prescriptions de la loi du 24 avril 1833. Chaque récépissé de dépôt doit être en outre revêtu du timbre sec de la Dette inscrite. (1)

———

Nous allons maintenant examiner successivement les diverses opérations auxquelles peut donner lieu la rente au porteur.

Ces opérations sont les suivantes:

1° Achat et vente de rentes au porteur;

2° Renouvellement d'inscriptions de rentes au porteur démunies de coupons d'arrérages;

3° Réunion ou division d'inscriptions;

4° Remplacement d'inscriptions de rentes détériorées;

5° Remplacement d'inscripitons de rentes au porteur détruites, perdues ou volées;

———

(1) *Voir Perte de récépissé de dépôt*, n° 188.

6° Reconversion de rentes au porteur en rentes nominatives ou mixtes;

7° Rétablissement de rentes dont les arrérages ont été atteints par la prescription quinquennale.

Achats et ventes de rentes au porteur.

124. — Le Trésor n'intervient qu'indirectement dans ces opérations, qui s'effectuent généralement par le ministère d'agents de change chargés par la loi et sous leur responsabilité d'être les intermédiaires entre les acheteurs et les vendeurs.

Ici les formalités à remplir sont tout à fait simplifiées; pas de signature à la Bourse, pas de déclaration de transfert à produire, pas de propriété ou d'identité à justifier. C'est aux agents de change seuls que les parties ont affaire et c'est à eux seuls que les réclamations peuvent être adressées.

L'intervention du Trésor est purement matérielle; chargé de la confection des titres de rentes, il les délivre aux agents de change sur la représentation des anciennes inscriptions.

Le Trésor reçoit les ordres d'achats et de ventes remis aux trésoriers généraux; intermédiaire naturel et gratuit, il les transmet à la chambre syndicale des agents de change, chargée de leur exécution, et il n'a plus ensuite, pour avoir rempli son rôle intermédiaire, qu'à faire parvenir aux trésoriers généraux les sommes provenant du produit des ventes ou les nouvelles inscriptions qui proviennent des ordres d'achat qu'ils ont reçus.

125. — Le droit de courtage perçu par les agents de change est ici le même que celui perçu pour l'achat et la vente des rentes nomatives et mixtes : 1/8 0/0 du montant des achats ou des ventes. En sus de cette commission, les parties ont encore à leur rembourser le prix du timbre qui doit être apposé sur chacun des bordereaux qui doivent leur être délivrés par l'agent de change. (*Voir* le *Tableau des droits de courage*, page 142 (1).)

Renouvellement d'inscriptions de rentes au porteur dépourvues de coupons.

126. — Les inscriptions de rentes au porteur, quelle que soit la nature de fonds auquel elles appartiennent 3, — 4, — 4 1/2, — 5 0/0 ou 3 0/0 amortissable, sont pourvues à leur origine, de coupons d'intérêts pour une durée de cinq années. Au bout de cette période, il faut, si l'on veut continuer à percevoir aux échéances les intérêts de ces rentes, les déposer au Trésor pour en obtenir le renouvellement.

Chaque dépôt donne lieu à un bordereau, dans lequel les parties devront indiquer le numéro de chacun des titres déposés, la somme de la rente et la quotité des coupures qu'elles désirent obtenir en échange (*Voir* modèle, page 317).

127. — Souvent, il arrive que pour opérer le renou-

____

(1) *Voir* aussi n° 53.

vellement de leurs inscriptions de rentes, les rentiers laissent écouler un trop long délai depuis le moment où ces inscriptions se sont trouvées démunies de coupons; il en résulte qu'au moment du renouvellement, il leur est dû plusieurs trimestres d'arrérage. De là de nombreuses écritures qui peuvent devenir la source d'erreurs difficiles et longues à rechercher.

Quoi qu'il en soit, le Trésor délivre, en même temps que les inscriptions nouvelles, tous les coupons arriérés qui étaient dus sur ces inscriptions au moment du dépôt.

Ces coupons sont remis aux rentiers contre quittance spéciale, indiquant le nombre de coupons délivrés et leur somme.

128 — Les réclamations qui pourraient s'élever relativement au nombre de coupons arriérés, que les parties croiraient leur être dus, sont reçues chaque jour de deux à trois heures au bureau des reconversions et renouvellements, Ministère des finances, galerie vitrée, porte A.

Réunion ou division d'inscriptions de rentes au porteur.

129. — Pour un motif ou pour un autre, les propriétaires de rentes au porteur ont parfois besoin de disposer librement d'un somme de rente inférieure à celle de leur inscription; d'un autre côté il arrive que le propriétaire d'un certain nombre d'inscriptions désire les réunir pour avoir un moins grand nombre de titres à conserver, et conséquemment un moins grand nombre de coupons à détacher à chaque échéance.

Lorsque ces cas se présentent, les parties doivent déposer les titres au Trésor accompagnés d'un bordereau au bas duquel elles indiqueront les coupures qu'elles désirent obtenir en échange (*Voir* modèles, page 315).

3 0/0 *Amortissable.*

130. — *Au porteur.* Ainsi qu'il vient d'être exposé ci-dessus, la faculté accordée aux rentiers de diviser ou de réunir les inscriptions de rentes au porteur est absolue, en ce qui concerne les rentes 3, — 4, — 4 1/2 — et 5 0/0 ; mais il en est tout autrement à l'égard de la rente 3 0/0 amortissable :

La nature spéciale de cette rente, la division de ce fonds en 175 séries amortissables en 75 ans rendent impossible toute réunion ou division de rentes au porteur, à moins que ces opérations ne soient demandées dans la même série.

131. — Il y aura donc lieu de faire un bordereau spécial par série, chaque fois que les titres au porteur déposés au Trésor appartiendront à des séries distinctes (1).

Remplacement d'inscriptions de rentes au porteur détériorées.

132. — Lorsque, par suite d'accident, des titres de

---

(1) *Nominative.* La même restriction au droit de division et de réunion n'existe pas pour les inscriptions nominatives de rente 3 0/0 amortissable. Chaque bordereau peut comprendre indiffé-

rentes au porteur auront été détériorés, les porteurs de ces rentes devront adresser ou déposer une demande au Ministère des finances, direction de la Dette inscrite (bureau central), pour en réclamer le remplacement.

A cette demande seront joints tous morceaux et débris qui proviendraient de ces titres et qui pourraient en faciliter la reconnaissance.

Cette réclamation doit être faite sur une feuille de papier timbré de 60 centimes, et elle devra indiquer, non-seulement le numéro des titres détériorés, mais encore relater les causes de détérioration.

Le directeur de la Dette inscrite apprécie sous quelles conditions le remplacement sollicité peut être effectué. Si la détérioration signalée n'a fait disparaître aucun des caractères essentiels du titre, numéro, signatures, et que les fragments reproduits soient encore suffisants pour écarter toute idée de fraude, il est donné cours à l'opération sans exiger de garantie de la part du porteur.

Si au contraire le plus léger doute résulte de l'examen de l'inscription ou de ses fragments, il sera nécessaire de déposer un cautionnement à titre de garantie, soit pour le capital de la rente, soit pour les coupons ou quelques uns d'entre eux. Il ne s'agit plus alors de titres détériorés, mais de titres détruits, puisque leur identité n'a pas pu être reconnue. Cette opération rentre alors dans la catégorie de celles qui vont suivre.

---

remment des rentes appartenant à des séries distinctes. Les numéros de séries auxquelles les rentes déposées appartiennent sont reproduits sur les inscriptions délivrées en échange.

Remplacement d'inscriptions de rentes au porteur perdues, détruites ou volées.

133. — En cas de perte, de soustraction ou de destruction accidentelle de rentes au porteur, les personnes qui s'en prétendraient ou s'en feraient reconnaître légitimes propriétaires, pourront obtenir la délivrance de nouvelles inscriptions, mais à la charge de déposer préalablement un cautionnement en rente nominative égal à la valeur de l'inscription déclarée soustraite, perdue ou détruite. (*Décision ministérielle du 4 décembre 1850. Décret du 18 décembre 1869, art. 40 et suivants.*)

134. — Ce cautionnement sera augmenté d'une somme suffisante pour répondre dans les mêmes termes, tant des coupons de titres perdus qui viendraient à être présentés au payement, que des années d'arrérages dont l'acquit pourrait être réclamé au Trésor, lors de la représentation de l'inscription déclarée perdue. (*Décision ministérielle du 4 décembre 1850.*)

En raison de la nature imprescriptible de la rente, on avait cru pendant longtemps que la durée de ce cautionnement devait être illimitée, mais la loi du 15 juin 1872, votée à la suite des événements de 1870-1871, en a limité la durée à vingt ans seulement.

La législateur a pensé que l'absence de réclamations pendant cette période devait être une présomption suffisante pour décharger le Trésor de toute responsabilité.

Voici le texte de l'article 16 de la loi du 15 juin 1872, applicable aux rentes sur l'État.

« Art. 16. Les dispositions de la présente loi sont
« applicables aux titres au porteur émis par les départe-
« ments, les communes et les établissements publics ;
« mais elles ne sont pas applicables aux billets de la Ban-
« que de France, ni aux billets de même nature émis par
« des établissements légalement autorisés, *ni aux rentes
« et autres titres au porteur émis par l'État*, lesquels
« continueront à être régis par les lois, décrets et ré-
« glements en vigueur.

« Toutefois, les cautionnements exigés par l'admi-
« nistration des finances pour la délivrance des duplicata
« de titres perdus, volés ou détruits, seront restitués
« si, dans les vingt ans qui auront suivi, il n'a été formé
« aucune demande de la part des tiers porteurs, soit
« pour les arrérages, soit pour le capital. Le Trésor
« sera définitivement libéré envers le porteur des titres
« primitifs, sauf l'action personnelle de celui-ci contre
« la personne qui aura obtenu le duplicata.

135. — Les rentiers dont les inscriptions au porteur
sont perdues, détruites ou volées doivent immédiatement en aviser l'administration, par une déclaration faite
sur timbre et adressée au directeur de la Dette inscrite.
Comme le Trésor ne sait jamais par qui sont possédées
ou détenues les rentes au porteur, les inscriptions de
cette nature étant transmissibles de la main à la main, il
est essentiel que l'avis de perte contienne la désignation
exacte des valeurs disparues, qu'il donne les sommes, les
numéros, la série s'il s'agit de rente amortissable, la na-

ture du fonds auquel elles appartiennent et autant que possible la date du dernier payement effectué entre les mains de la partie.

Les titres de rente au porteur n'étant pas susceptibles d'opposition, l'administration des finances ne peut, comme le croient à tort nombre de rentiers, signaler à toutes les caisses de l'État les numéros des inscriptions perdues, ni le cas échéant en suspendre la négociation et le payement. Mais elle prend note néanmoins des déclarations qui lui sont faites, et avise les déclarants en temps et lieu des opérations (payements d'arrérages ou transferts) dont leurs titres ont pu être l'objet.

C'est aux parties, munies de ces renseignements, à procéder de concert avec l'autorité judiciaire aux investigations nécessaires pour découvrir les détenteurs successifs des titres perdus ou volés et intenter ensuite, devant les tribunaux compétents, telles actions que de droit.

136. — Le remplacement des titres perdus ne peut avoir lieu, sans qu'au préalable, les intéressés n'aient déclaré par écrit se soumettre aux conditions exigées par le Trésor, et aient en outre réalisé le cautionnement prévu par la loi.

La demande qui doit être adressée au directeur de la Dette inscrite est l'objet d'un rapport spécial au ministre qui statue. Sa décision est portée à la connaissance des intéressés qui doivent alors se rendre au Ministère des finances, direction du contentieux, pour signer avec l'agent judiciaire du Trésor l'acte d'affectation de la rente *nominative* remise en nantissement.

Cet acte ne peut être conclu qu'à Paris, mais les intéressés sont à même de se faire représenter par un mandataire spécial, muni d'une procuration sous seing privé (*Voir* le modèle de cette procuration, page 296).

Ce n'est qu'après le dépôt de ce cautionnement, que la Dette inscrite procède à la délivrance de nouveaux titres au porteur, de mêmes quotités que les inscriptions à remplacer et dont le rentier peut alors disposer librement. Des coupons spéciaux sont remis en même temps aux parties pour le recouvrement des trimestres qui pourraient être dus depuis le moment de la perte des titres.

En outre, et pour tenir lieu de l'inscription déposée en garantie et conservée dans les caisses centrales du Trésor, l'agent judiciaire remet à la partie une formule dite bordereau d'annuel, sur la présentation de laquelle les arrérages de la rente seront payés à chaque échéance, de la même façon qu'avec une inscription de rente nominative (*Voir* note de la Dette inscrite du 8 août 1873, page 252).

137. — Il est bon de noter ici, qu'à moins d'avoir reçu à cet effet un mandat spécial, le fondé de pouvoir, signataire de l'acte d'affectation du cautionnement, n'a pas qualité pour retirer de la Dette inscrite les nouvelles inscriptions au porteur, lesquelles sont transmises à la personne même, qui par ses démarches antérieures s'est déclarée propriétaire des titres perdus détruits ou volés.

Il n'est pas nécessaire que l'inscription de rente nominative déposée en garantie soit au nom de la personne à laquelle appartiennent les titres au porteur perdus ; elle peut être au nom d'une tierce personne, mais, dans ce cas, toutes les formalités relatives au dépôt du cautionnement incombent au titulaire de cette rente.

Remarquons enfin que la quotité du cautionnement n'est pas possible à déterminer d'une manière exacte tant que la décision ministérielle autorisant le remplacement n'est pas signée. C'est en effet le cours de la Bourse de ce jour qui est pris comme base pour l'emploi des fonds représentant les cinq années d'arrérages (*Décret du 31 janvier 1872*).

Perte de récépissé ou bulletin de dépôt.

138. — Nous avons déjà indiqué les conditions auxquelles est assujetti le remplacement des titres de rentes perdus, volés ou détruits ; nous indiquons ici les justifications à fournir au Trésor en cas de perte du récépissé ou bulletin de dépôt délivré aux parties en représentation des inscriptions de rentes dont ils ont opéré le dépôt aux guichets du Trésor.

Les justifications à produire dans ce cas, au Trésor, consistent dans la production d'une décharge notariée portant déclaration de perte du récépissé ou bulletin de dépôt, acte dans lequel le Trésor exige, par surcroît de garantie, l'intervention d'un agent de change pour certifier l'identité du déclarant.

La marche à suivre pour obtenir du Trésor la remise

des inscriptions de rente, nonobstant la representation du bulletin ou récépissé de dépôt, a été réglée par décision ministérielle rendue sur la proposition du directeur de la Dette inscrite (16 décembre 1856), après avis du chef de la division du contentieux des finances (5 janvier 1857). Nous reproduisons aux annexes ces deux documents à leurs dates chronologiques, et nous renvoyons le lecteur page 300, pour y trouver un modèle de décharge notariée.

Coupons au porteur perdus.

139. — Les règles que nous venons d'exposer s'appliquent également s'il s'agit, non plus de titres, mais simplement de coupons perdus; seulement, dans ce cas, la durée du cautionnement n'est plus que de cinq ans à compter de l'échéance de chaque coupon, puisque à l'expiration de ce délai le Trésor se trouve couvert contre les réclamations des tiers par la prescription quinquennale (Art. 2277 du *Code civil*).

140. — Les rentiers qui ont eu des coupons au porteur perdus, volés ou détruits peuvent néanmoins se soustraire à l'obligation de fournir un cautionnement, s'ils font au Trésor les démarches et les déclarations nécessaires pour interrompre la prescription. Ils seront alors admis à toucher le montant de leurs coupons cinq ans après leur échéance. Bien entendu, cette autorisation est subordonnée au non payement de ces coupons pendant la durée de ces cinq années.

5.

Reconversion ou conversion de rentes au porteur en rentes nominatives ou mixtes.

141. — Les rentes étant inscrites au moment de leur création au nom du Trésor public, il s'ensuit que lorsque l'on veut convertir une rente au porteur en rente nominative, c'est en fait une reconversion que l'on demande. Le mot de reconversion, qui tout d'abord paraît bizarre, exprime parfaitement dans ce cas l'opération à laquelle on doit procéder.

Cette conversion ou plutôt cette reconversion s'effectue sur le dépôt des titres accompagnés d'un bordereau spécial (*Voir* aux *Annexes*, modèles, page 316).

Les titres à convertir sont classés par ordre numérique de coupures en commençant par les plus faibles ; chaque bordereau doit indiquer le nom, les prénoms des personnes auxquelles les nouvelles inscriptions doivent être immatriculées.

Nous ne saurions trop appeler l'attention des rentiers sur ce point important de l'opération dont il s'agit, et au risque de nous répéter nous dirons encore ici que toute erreur de nom, de prénom, transport d'une lettre pour une autre, qualité inexacte, pourrait donner lieu à des formalités longues et coûteuses pour arriver à justifier de l'identité et de la qualité des nouveaux propriétaires pour pouvoir disposer plus tard librement des nouvelles inscriptions (1).

---

(1) *Voir* le chapitre III, Immatriculation des rentes, et aux An-

Rétablissement de rentes au porteur inscrites au compte des portions non réclamées.

142. — Les inscriptions de rentes au porteur classées au compte des portions non réclamées sont remises en payement avec rappel des arrérages non prescrits, sur la production du titre et d'une demande émanant du détenteur de l'inscription.

143 — Cette demande, faite sur papier timbré, doit énoncer les nom, prénoms, domicile du postulant, dont la signature doit être légalisée par le maire de sa résidence. La signature de ce dernier est à son tour légalisée (dans les départements autres que la Seine) par le préfet ou le sous-préfet (*Voir* le paragraphe spécial traitant des rétablissements des rentes, page 130).

---

nexes, le modèle des libellés les plus fréquemment usités dans la pratique journalière des transferts. Nous engageons nos lecteurs à consulter ces modèles avec soin, afin de pouvoir les appliquer selon le cas auquel ils se réfèrent.

CHAPITRE V.

—

ÉTABLISSEMENTS PUBLICS ET RELIGIEUX.

44. — Nous comprenons sous cette dénomination générale un certain nombre d'établissements ou de personnes morales, qui, en raison de la tutelle administrative sous laquelle ils sont placés, ne peuvent ni acquérir ni aliéner des rentes sur l'Etat sans une autorisation spéciale.

Sont classés parmi les établissements publics, les départements, les communes, les hospices, les institutions de bienfaisance, etc.

Les fabriques d'église, les cures, les évêchés, les consistoires, les communautés religieuses reconnues par l'Etat, etc., figurent au nombre des établissements religieux.

Nous examinerons séparément ce qui, dans notre législation, se rapporte à chacune de ces catégories d'établissements.

Il y aura lieu, en outre, de distinguer, parmi les opérations susceptibles d'être réclamées par ces établissements, celles qui concernent les *achats* et celles qui concernent les *aliénations* de rentes.

1. — Établissements publics.

*De l'immatriculation des rentes au nom de ces
établissements.*

145. — *Communes.* Parmi les établissements publics,
ce sont les *communes* qui se trouvent appelées le plus
souvent à jouir de rentes sur l'Etat. Elles peuvent en
effet posséder des valeurs de cette nature, soit par suite
de l'exécution de la loi du 20 mars 1813, qui a prescrit
le payement en inscriptions de rente du prix de leurs
biens cédés ou vendus en vertu de cette loi, soit par
l'emploi à l'achat de rentes de capitaux provenant de
remboursements faits par des particuliers, d'aliénations,
de soultes d'échange, de legs et donations (*Instruction
générale de la comptabilité publique*, 1859, art. 861).

L'inscription, au grand'livre, des rentes appartenant
aux communes a lieu sans qu'il soit besoin de produire aucune autorisation préfectorale ou ministérielle.
L'immatricule doit énoncer sinplement le nom de la
commune.

Ceci résulte nettement de l'ordonnance du 2 avril 1817
(art. 6) qui est toujours en vigueur en ce qui concerne
les établissements publics. (*Voir* à cet égard aux *Annexes*
une *Circulaire du ministre de l'intérieur en date du 8 juillet* 1836.)

Cependant, dans le cas où les rentes à inscrire proviendraient de dons et legs faits à la commune, il est
nécessaire de produire l'arrêté préfectoral autorisant la

commune à accepter le legs. Cet arrêté doit mentionner l'origine des fonds et, s'il y a lieu, la destination des arrérages (*Voir* libellés, page 176).

Ces dispositions résultent de la loi du 18 juillet 1837 (art. 48), modifiée par le décret de décentralisation du 25 mars 1852 (tableau A, n° 49), et par la loi du 21 juillet 1867 (art. 1er, 9°).

146. — Ainsi, sous l'empire de la législation actuelle, les préfets peuvent autoriser les acquisitions de rentes provenant de dons ou legs, *quel que soit le montant de la somme à employer.*

L'immatriculation de la rente au nom de la commune n'est faite par le Trésor, qu'au vu et sur la production de l'arrêté préfectoral, autorisant non-seulement l'acceptation du don ou legs, mais encore son emploi en rentes sur l'Etat.

147. — *Départements.* — *Villes.* — *Bureaux de bienfaisance.* Les départements, villes, bureaux de bienfaisance, etc., sont assujettis aux mêmes conditions d'autorisation, lorsque les rentes à inscrire au nom de ces établissements proviennent de dons et legs ; mais s'il s'agit d'employer des capitaux libres, l'immatriculation des rentes se fait sans qu'il soit nécessaire de justifier d'aucune autorisation.

Aliénation des rentes.

148. — *Départements.* Les rentes inscrites au nom des départements peuvent être aliénées sur la production d'une délibération du conseil général prise en vertu de l'article 46 (§ 1er) de la loi du 10 août 1871, et qui devient exécutoire, aux termes de l'article 47 de la même loi, si, dans le délai de vingt jours à partir de la clôture de la session, le préfet n'en a pas demandé l'annulation pour excès de pouvoir ou pour violation d'une disposition de la loi ou d'un règlement d'administration.

149. — Aucun maximum n'a été fixé au point de vue de la somme à aliéner.

Communes, hospices, institutions de bienfaisance, etc. Depuis les décrets de décentralisation des 25 mars 1852 (art. 1er) et 13 avril 1861, des arrêtés préfectoraux rendus en conseil de préfecture suffisent pour autoriser les communes à aliéner leurs rentes, quelle qu'en soit d'ailleurs la quotité.

Autrefois, et notamment quand la loi du 18 juillet 1837 était en vigueur, il n'en était pas ainsi. Les préfets n'exerçaient le droit d'autorisation que lorsque le capital à aliéner ne dépassait pas 3,000 francs, pour les communes ayant un revenu inférieur à 100,000 francs, et 20,000 francs, s'il s'agissait de communes ayant plus de 100,000 francs de revenu.

Dans tous les cas, les inscriptions de rentes sur l'Etat possédées par les communes étant considérées comme immeubles, l'aliénation doit en être faite après délibération conforme du conseil municipal (*Instruction générale de la comptabilité*, 1859, art. 972).

Cette délibération est visée dans l'arrêté d'autorisation pris par le préfet, mais il est superflu de la produire.

Si, au lieu d'une commune, on se trouve en présence

d'un hospice ou d'un établissement de même nature, la délibération du conseil municipal sera naturellement remplacée par une délibération du conseil d'administration ou de surveillance fonctionnant près de cet établissement.

150. — La procuration qui doit être produite pour faire opérer la vente d'une inscription appartenant à une commune ou à un établissement similaire est généralement donnée par le maire. Le mandat, qui est consenti par le receveur municipal seul, n'est accepté que si l'ampliation de l'arrêté préfectoral contient une désignation spéciale en sa faveur.

II. — Établissements religieux.

151. — Les établissements de cette sorte ont besoin *dans tous les cas* d'une autorisation supérieure, soit pour acquérir, soit pour aliéner des rentes.

152. — *Achats.* — *Immatriculation des rentes.* Aux termes de l'article 1er de l'ordonnance du 14 janvier 1831, « Aucun transfert ou inscription de rente sur l'État au « profit d'un établissement ecclésiastique ne peut être « effectué qu'autant qu'il aura été autorisé par une or- « donnance royale, dont l'établissement présentera, par « l'entremise de son agent de change, une expédition « en due forme. »

Ces dispositions sont toujours en vigueur, en tant qu'elles s'appliquent aux rentes provenant de dons ou legs faits à ces établissements, lorsque le capital de ces rentes est supérieur à 1,000 francs.

153. — Mais il en est différemment si les capitaux ont une autre origine. Le décret du 13 avril 1861 (art. 4) a en effet substitué à l'autorisation par décret une simple autorisation par arrêté préfectoral, quand il s'agit de placer des fonds provenant de remboursement de capitaux, et il n'y a pas même lieu de distinguer à cet égard si la somme à employer est ou non inférieure à 1,000 francs. — Cette faculté d'autorisation est même étendue aux capitaux provenant d'économies ou d'excédants de recette (*Circulaire interprétative du ministre des cultes, du 2 décembre 1861*).

154. — De même, et conformément à un décret du 15 février 1862, l'autorisation d'accepter les dons et legs faits aux fabriques d'église est accordée par les préfets, après avis préalable des évêques, lorsque ces libéralités n'excèdent pas 1,000 francs en capital, et ne donnent lieu à aucune réclamation de la part des héritiers, légataires, etc. Il faut, en outre, que ces libéralités ne soient grevées d'autres charges que l'acquit de fondations pieuses dans les églises paroissiales ou de dispositions au profit des communes, des hospices, des pauvres, etc.

Il est à remarquer que la règle posée par le décret du 15 février 1862 s'applique exclusivement aux *fabriques*. Les autres établissements ecclésiastiques et religieux restent donc placés sous l'empire de la législation antérieure, et notamment de l'article 1er de l'ordonnance du 2 avril 1817, qui maintient aux préfets le droit de statuer sur les libéralités en argent ou objets mobiliers attribuées à tous établissements autres que les fabriques d'église, lorsque là valeur de ces libéralités n'excède pas 300 francs (*Circulaire du ministre de l'instruction publique et des cultes, du* 10 avril 1862).

Il est également à noter que les libéralités résultant de legs, quelque minimes qu'elles soient, ne pourraient être acceptées sans un décret, du moment qu'elles seraient l'objet d'une réclamation de la part de la famille du testateur.

Lorsque l'acceptation d'un legs a été autorisée par un décret, il appartient au préfet d'autoriser successivement le placement en rentes sur l'État des diverses sommes qui deviendraient disponibles, au profit de la fabrique, dans la succession du légataire (*Décision du* 16 août 1871).

155. — Lorsqu'un décret a autorisé l'acceptation de dons ou legs en disposant qu'il sera statué ultérieurement sur l'emploi, le droit de prendre une décision n'est pas réservé d'une manière absolue au gouvernement. Le préfet a qualité pour autoriser l'emploi (*Lettre du garde des sceaux, du* 4 novembre 1868).

Un avis du Conseil d'État du 14 janvier 1863 a décidé que les dons ou legs faits à une fabrique, à un consistoire, à une cure, et ce, sous la condition que ces dons et legs seront affectés au soulagement des pauvres, ces derniers étant les vrais bénéficiaires des libéralités, l'immatricule des rentes doit mentionner et le nom de l'établissement institué et celui du bureau de bienfaisance ou du maire représentant les pauvres.

Aliénation des rentes.

156. — En matière de rentes, rien n'a été changé au principe posé par la loi du 2 janvier 1817 (art. 3), ainsi conçu :

« Les immeubles ou rentes appartenant à un établis-
« sement ecclésiastique seront possédés à perpétuité
« par ledit établissement et seront inaliénables, à moins
« que l'aliénation n'en soit autorisée par le Roi. »

Ainsi, pour tout transfert de rentes intéressant une communauté, fabrique d'église, etc., le Trésor exige la production d'un décret. Les préfets n'ont pas vu leurs pouvoirs s'accroître en cette circonstance par les décrets de décentralisation.

CHAPITRE VI.

—

RENSEIGNEMENTS SUR LES RENTES.

157. — Les rentiers peuvent avoir intérêt à obtenir du Trésor des renseignements sur les rentes dont ils ont été titulaires, ou sur celles qu'ils peuvent être appelés à recueillir à la suite de décès ou de successions.

158. — *Sort des rentes*. Il arrive souvent, en effet, qu'un notaire ou un particulier trouve, dans une succession l'intéressant, la trace de rentes possédées par le défunt et que les titres eux-mêmes ne soient pas représentés ; il peut arriver encore qu'un propriétaire désire s'assurer de l'existence du titulaire de l'usufruit de sa rente.

Dans ces hypothèses, il faut s'adresser directement à la direction de la Dette inscrite, seule à même de suivre le sort des inscriptions de rente et d'indiquer aux ayants droit si les rentes existent encore ou à qu'elle date elles ont été aliénées.

Disons à ce propos et une fois pour toutes, car cette régle est générale à toutes les demandes relatives aux rentes sur l'Etat, que les pétitions à produire en pareil cas doivent être rédigées sur papier timbré. (*Loi du 13 brumaire an* VII, art. 12.)

Les renseignements sur les rentes ne sont donnés par la Dette inscrite qu'avec une grande circonspection ; elle n'admet, comme fondés à obtenir ces renseignements, que les titulaires eux-mêmes ou leurs représentants légitimes, c'est-à-dire les héritiers, les notaires des parties et les mandataires munis de procuration spéciale. Les avoués agissant à la suite de contestations et les créanciers des rentiers doivent produire une autorisation judiciaire.

C'est pour éviter toute infraction à ces règlements très-précis, que les comptables extérieurs du Trésor et les trésoriers généraux eux-mêmes ne peuvent pas répondre aux demandes de cette nature qui leur seraient déposées directement, sans en avoir référé à la direction de la Dette inscrite.

159 — *Demandes d'origine.* Bien des circonstances peuvent nécessiter une demande d'origine. Mais qu'il s'agisse de déterminer la provenance des fonds, le nom dé l'agent de change négociateur, la date d'une acquisition, le caractère propre ou commun d'une rente, ou qu'il s'agisse de constater les numéros portés successivement par une inscription, la marche à suivre est la même. Il suffit d'adresser une demande sur timbre au directeur de la Dette inscrite en y énonçant le fonds, la série, le numéro et tout ou partie du libellé de l'inscription.

Nous avons indiqué pour chacune des opérations auxquelles donnent lieu les rentes sur l'État quels étaient les bureaux chargés de leur exécution ; mais en dehors des cas que nous avons signalés il peut s'en présenter d'autres, dans lesquels l'action des agents comptables de la Dette inscrite est subordonnée à l'intervention préalable d'un troisième service, dit bureau central, fonctionnant au siége même de la direction, et qui, indépendamment de toute la correspondance relative aux rentes, est plus spécialement chargé des renseignements et des affaires nécessitant un examen contentieux.

Il importe de prévoir et de détailler ces cas exceptionnels, afin d'éviter autant que possible aux rentiers et à leurs intermédiaires les courses inutiles et les erreurs de transmission.

Cette partie de notre travail sera surtout utile aux personnes résidant à Paris ; car les rentiers des départements, s'ils n'usent pas de l'entremise des trésoreries générales, doivent adresser indistinctement au ministre (direction de la Dette inscrite) toutes les valeurs et pièces concernant le service de la Dette.

160. — Voici l'énumération des principales affaires que le bureau central se réserve d'instruire ou de diriger sur le service compétent :

1º Rétablissement d'inscriptions de rentes classées au compte des portions non réclamées en exécution des règlements sur la prescription quinquennale, ou mises en réserve à la suite de partages ou de liquidations de successions ;

2º Demandes de remplacement de titres perdus ou détruits (nominatifs, mixtes et au porteur), déclarations de perte de coupons, ou de quittances visées ;

3º Remplacement de titres ou de coupons détériorés ;

4º Opérations sur les rentes affectées à des majorats et à des dotations reversibles ;

5º Demandes sur le sort et l'origine des rentes ;

6º Rectification des libellés et rétrocessions ;

7º Oppositions et empêchements administratifs ;

8º Difficultés relatives au payement des rentes ;

9º Réponse aux pétitions soulevant des questions de principe ou comportant des éclaircissements sur la législation spéciale des rentes. (*Voir* à sa date la *Note de la direction de la Dette inscrite, approuvée par le ministre des finances, concernant la marche à suivre pour les renseignements sur les rentes*, 6 *juin* 1840.)

Le bureau central de la Dette inscrite est établi au Ministère des finances, rue de Rivoli, porte A, escalier I. Il est ouvert au public de dix heures à deux heures.

Oppositions. — Insaisissabilité.

161. — La loi du 24 août 1793 autorisait les oppositions sur les capitaux et arrérages des rentes inscrites au grand-livre ; mais elle a été abrogée par la loi du 8 nivôse an VI, qui porte :

Art. 4. Il ne sera plus reçu à l'avenir d'oppositions sur le tiers conservé de la Dette publique inscrite ou à inscrire...

La loi du 22 floréal an VII, porte en outre :

Art. 7. Il ne sera plus à l'avenir reçu d'oppositions au payement des arrérages de la Dette, à l'exception de celle qui serait formée par le propriétaire de l'inscription.

Telles sont les dispositions qui établissent le principe de l'insaisissabilité des rentes.

On trouve l'application de ce principe dans deux avis du Conseil d'État du 12 thermidor an X et du 17 fructidor an XIII.

Le premier de ces arrêts décide que les dispositions de la loi du 8 nivôse an VI peuvent être opposées, même aux individus ayant privilége et hypothèque sur la créance représentée par l'inscription.

Le second arrêt interdit aux créanciers des faillis de mettre opposition au transport des inscriptions appartenant à leurs débiteurs, attendu que, d'après les dispositions de la loi, les inscriptions doivent être considérées comme l'écu que le créancier peut saisir quand il le trouve dans la caisse de son débiteur en faillite, mais dont il ne peut arrêter la circulation si ce débiteur infidèle le lui a frauduleusement soustrait.

Une décision ministérielle, en date du 9 août 1816, a confirmé ces dispositions, en rejetant un certificat de propriété délivré par le greffier en chef du département de la Seine, d'après un jugement qui avait attribué à un créancier la propriété des rentes appartenant à son débiteur ; ce jugement étant contraire aux principes consacrés par la loi du 8 nivôse an VI et aux deux avis du Conseil d'État qui viennent d'être cités.

Nous croyons utile de reproduire ici une ordonnance royale, du 19 décembre 1819, rendue en Conseil d'État, statuant sur une requête tendant à obtenir le maintien d'une opposition.

Cette ordonnance décide que les lois des 8 nivôse an VI et du 22 floréal an VII, qui interdisent toute opposition sur les rentes de l'État, autorisent par cela même le ministre des finances, non-seulement à rejeter ces oppositions, mais encore à ne pas déférer à des jugements par lesquels les créanciers des titulaires auraient obtenu l'attribution des rentes appartenant à leurs débiteurs, même à une succession vacante.

Voici le texte de cette ordonnance :

« Le Conseil, vu les lois du 8 nivôse an VI, article 4, et du 22 floréal an VII, article 7 ;

« Vu les avis du Conseil d'État du 27 thermidor an X et du 27 fructidor an XIII ;

« Considérant qu'aux termes de la loi du 8 nivôse an VI susvisée, il ne peut être reçu aucune opposition sur la Dette publique ; qu'il suit de cette disposition que les rentes inscrites au grand-livre ne peuvent pas plus être saisies sur une succession vacante que sur le titulaire de l'inscription lui-même ;

« La requête est rejetée. »

Mais s'il ne peut être formé aucune opposition sur la rente par des tiers intéressés, il en est tout autrement si l'opposition est faite par le propriétaire de la rente, ou par l'État, auquel la loi reconnaît le droit de saisie sur tous les biens appartenant aux comptables et autres manutenteurs de deniers publics (*Décret du 18 août 1807*).

Les exceptions admises par le Trésor au principe de

l'insaisissabilité des rentes, soit comme propriétaire, soit comme créanciers, sont les suivantes :

1° Au profit du Trésor public, contre les comptables, fournisseurs et autres reliquataires de deniers publics, loi du 8 nivôse an VI ; arrêté du 24 messidor an XI, contre les comptables qui sont autorisés à fournir leur cautionnement en rentes et, par extension, contre tous entrepreneurs, fournisseurs et traitants, autorisés par différents arrêtés ou règlements, ou par leur contrat à se cautionner en rentes. Dans ces divers cas, l'opposition se fait administrativement et au profit du Trésor public seul, et la mainlevée de l'opposition s'opère de la même manière ;

2° Au profit du propriétaire de la rente (Loi du 22 floréal an VII). L'opposition doit être faite par le propriétaire lui-même, par une déclaration écrite ou signée de lui ou de son fondé de pouvoirs. La mainlevée en est faite de la même manière ou en vertu de jugement des tribunaux.

Dans tous les cas non prévus textuellement par la loi, l'opposition n'est reçue au Trésor que lorsqu'elle rentre, par analogie, dans les exceptions légalement faites au principe d'insaisissabilité des rentes.

Enfin l'inviolabilité de la rente étant fondée principalement sur un droit administratif qui touche essentiellement à la question du crédit des effets publics, il est d'usage que, dans le cas où le Trésor croit devoir se refuser à l'exécution d'un acte d'opposition concernant un transfert de rente, la décision de rejet est soumise à l'approbation du ministre, afin que, s'il y a appel de cette décision, la juridiction administrative du Conseil d'État reçoive les appels interjetés.

Cette exception au principe que les biens des débiteurs sont le gage du créancier s'explique aussi par le désir d'encourager les placements sur l'État, en offrant aux propriétaires de rentes des avantages qu'ils ne sauraient trouver dans aucune autre nature de biens. L'extension que les rentes sur l'État ont prise depuis le commencement du siècle et la place considérable qu'elles occupent aujourd'hui dans la fortune des particuliers donnent une grande portée au principe qui les déclare insaisissables.

Le principe de l'insaisissabilité de la rente comporte, comme on vient de le voir, des exceptions en faveur du Trésor et des propriétaires de la rente lorsqu'il s'agit de rentes inscrites au nom des propriétaires ; mais s'il s'agit de rentes au porteur, ce caractère d'insaisissabilité est absolu. Aucune opposition sur la rente au porteur n'est recevable, de quelque part qu'elle émane et en quelque forme qu'elle soit notifiée. Cette règle est consacrée par une jurisprudence constante et ne comporte aucune exception.

162. — Les actes d'opposition et de mainlevée concernant les rentes sur l'Etat doivent être signifiés à l'agent judiciaire du Trésor (bureau des oppositions, de 10 heures à 2 heures).

Empêchements administratifs. Indépendamment de ces actes d'opposition, signifiés au Trésor par ministère d'huissier, les rentes nominatives peuvent être l'objet d'empêchements administratifs mis par la direction de la Dette inscrite, soit à la requête des parties, soit d'office. (*Arrêté ministériel du 18 août 1836, art. 4.*)

Cette forme d'opposition, moins solennelle que l'autre, est notamment employée dans les cas suivants :

163. — 1° Titre de rente détenu par un tiers ;

C'est un des cas les plus fréquents. Il se présente toutes les fois que le titulaire d'une inscription déclare qu'un tiers détient son titre sans son consentement. La partie doit, pour assurer la mise de l'empêchement administratif, adresser une demande sur papier timbré au directeur de la Dette inscrite, en indiquant exactement le libellé de son inscription et la nature de la rente 3, 4, 5 0/0.

164. — 2° Perte d'un extrait d'inscription nominative ;

Cet empêchement au transfert et au payement de la rente est effectué dès que les titulaires ou leurs représentants se sont mis en instance auprès de l'administration pour obtenir, dans les formes prescrites par le décret du 3 messidor an XII, le remplacement du titre perdu.

165. — 3° A la suite du décès du titulaire de l'inscription ;

Il arrive fréquemment qu'au décès d'un rentier, ses représentants ignorent entre les mains de qui se trouvent les titres de rentes dont il était propriétaire. Ils peuvent alors s'adresser à la direction de la Dette inscrite, en la requérant de suspendre le payement des rentes jusqu'à ce qu'ils se soient mis en mesure d'en obtenir la mutation. Cette demande, si le décès est justifié par la production d'un acte en due forme, est toujours accueillie favorablement lorsqu'elle est faite par un des représentants du *de cujus*.

Cette règle est même susceptible d'extension. La Dette inscrite peut, en effet, frapper une rente d'empêchement administratif, et ce, sans y être requise, si elle vient à apprendre fortuitement la mort du titulaire, ou si le titre qui lui est présenté se trouve revêtu d'une cote d'inventaire. Elle se trouve autorisée, par le fait même du décès, à ne plus reconnaître à personne le droit de toucher les arrérages appartenant au défunt : tout porteur d'extrait d'inscription nominative étant censé agir pour le compte du titulaire et tout mandat s'éteignant par la mort du mandant (Art. 1239 et 2083 du Code civil).

166. — *Changement d'immatricule des rentes.* 4° On emploie encore l'empêchement administratif quand l'administration a été saisie de réclamations faites par les *intéressés*, indiquant que le libellé de l'inscription de rente contient des indications erronées ou mensongères : par exemple, quand une femme mariée cherche à frustrer la communauté en retenant par devers elle des inscriptions de rente qu'elle aurait acquises sous la qualité de fille majeure. Il y a là une question d'ordre public dans laquelle l'intervention du Trésor est pleinement justifiée. Le cas est le même, si un tuteur dont les pouvoirs seraient expirés ou révoqués continuait à toucher les rentes de son pupille ; et, en général, dans toutes les hypothèses où un événement survenu depuis l'immatriculation de la rente doit en modifier le libellé : majorité, séparation de corps ou de biens, viduité, etc., etc.

Dans tous les cas où l'empêchement administratif est mis d'office par la Dette inscrite, la main levée en est donnée sans frais et sans délai dès que les régularisations nécessaires ont été opérées.

167. — Il nous a paru intéressant de reproduire aux *Annexes*, page 233, un extrait d'un article de M. Mollot, paru dans la *Gazette des tribunaux* du 29 août 1856, qui traite spécialement de l'insaisissabilité des rentes sur l'État.

Payement des arrérages de rentes, quittances visées.

168. — Le payement des arrérages des rentes sur l'État s'effectue :

Par semestre pour les inscriptions 4 et 4 1/2 0/0 ;

Par trimestre pour les inscriptions 3 et 5 0/0 et 3 0/0 amortissable.

Les échéances des rentes sont fixées :

4 et 4 1/2 0/0 aux 22 mars et 22 septembre ;

3 0/0 aux 1er janvier, 1er avril, 1er juillet et 1er octobre ;

5 0/0 aux 16 février, 16 mai, 16 août et 16 novembre ;

Et 3 0/0 amortissable au 16 janvier, 16 avril, 16 juillet et 16 octobre.

Les arrérages de rentes nominatives sont payés au porteur de l'extrait d'inscription. Le porteur donne quittance du payement, qui est en outre constaté par l'apposition, au dos de l'extrait d'inscription, d'un timbre indiquant le trimestre ou le semestre pour lequel le payement a eu lieu. (*Loi du 22 floréal an VII, art. 3 et 5; Décret du 31 mai 1862, art. 214 et 215.*)

Il est bon de faire remarquer que les agents du Trésor suspendent le payement des arrérages de tout titre nominatif revêtu d'une cote d'inventaire jusqu'au moment où la mutation de la rente a été opérée.

169. — Les arrérages de rentes mixtes ou au porteur sont payés sur la remise des coupons détachés des titres accompagnés d'un bordereau signé par le porteur, et indiquant, en outre, le lieu de son domicile (*Voir* aux modèles).

On procède de même pour le payement des arrérages des valeurs émises par le Trésor public. La constatation du payement est faite de la même manière, au dos du certificat nominatif de dépôt remis au porteur en échange des titres au porteur déposés au portefeuille du Trésor.

170. — Le payement des coupons d'arrérages au porteur s'effectue à présentation à la caisse centrale du Trésor public à Paris (ministère des finances), et dans les départements aux caisses des trésoriers-payeurs généraux et receveurs des finances et chez tous les percepteurs.

Par décision ministérielle en date du 21 février 1874, le ministre des finances a également autorisé les percepteurs de Paris à payer les coupons d'arrérages des rentes, sous la condition que les bordereaux présentés à l'encaissement dans la même journée, par une même personne, ne comprendront pas plus de 20 coupons et ne s'élèveront pas à plus de 500 francs.

Les arrérages de rentes nominatives, contrairement aux arrérages de rentes au porteur, ne sont payables qu'à Paris, à moins que les parties n'aient désigné à l'avance, au moment de l'immatriculation des rentes à leurs noms, le département dans lequel elles entendaient recevoir les arrérages de leurs rentes.

171. — Cependant les titulaires d'inscriptions de rentes sur l'État qui passent d'un département dans un autre, ont la faculté de toucher leurs arrérages dans le département de leur nouvelle résidence ; mais pour jouir de cet avantage, sans éprouver de retard au moment des échéances, ils doivent en faire la demande dans les lieux et, au plus tard, aux époques ci-après, savoir :

A la direction de la Dette inscrite à Paris :

Rentes 5 0/0 — les 25 janvier, avril, juillet et octobre ;

3 0/0 — les 10 mars, juin, septembre et décembre ;

4 1/2 — les 28 février et 31 août ;

A la recette générale et aux recettes particulières des finances dans les départements :

5 0/0 — 20 janvier, avril, juillet, octobre ;

3 0/0 — 5 mars, juin, septembre décembre ;

4 1/2 — 28 février et 31 août.

Pour toucher dans un arrondissement de sous-préfecture, les rentiers doivent en faire la demande, soit à la recette particulière de cet arrondissement, soit à la trésorerie générale du département, dix jours au moins avant l'échéance.

Il n'est pas nécessaire que les porteurs des titres se

présentent dans les bureaux des comptables pour les demandes dont il s'agit; ils peuvent le faire par lettre, en ayant soin d'indiquer exactement : le numéro de l'inscription de rente et celui de la série; le montant de la rente et sa nature (5 ou 3 0/0); le nom du rentier; le lieu où la rente était payable; le lieu où l'on désire être payé (*Instruction générale*, 1859, art. 669).

172. — Les rentiers qui résident hors du chef-lieu d'arrondissement peuvent, pour toucher les arrérages échus de leurs inscriptions nominatives, déposer leurs titres entre les mains du percepteur de leur commune; ce dernier les transmet au receveur des finances qui, après les avoir estampillés, les renvoie au percepteur revêtus du Vu : Bon à payer. (*Instruction générale*, art. 673.)

173. — *Quittances visées*. Cependant si les rentiers n'avaient pu ou avaient négligé de prendre assez à temps les dispositions nécessaires pour rendre leurs rentes payables au lieu actuel de leur résidence, le Trésor et les trésoriers généraux n'en procèdent pas moins au payement des arrérages; mais ce payement ne peut avoir lieu que vingt jours après le moment de la présentation des titres. Ce retard s'explique par la nécessité imposée aux comptables de s'assurer qu'il n'existe pas d'opposition, et que le payement n'a pas été déjà effectué au lieu primitivement désigné.

Dans ce cas les rentiers doivent signer à l'avance une quittance spéciale d'arrérages, dite quittance visée, qui devra, avant payement, être revêtue du visa du comptable à la caisse duquel la rente était payable. (*Instruction générale*, art. 681 et 684.)

174. — *Dépôts avant échéance.* Pour faciliter et pour assurer aux rentiers le payement à date fixe des arrérages de rentes, et pour leur éviter surtout la perte de temps qui résulte de l'affluence du public à chaque échéance, des guichets spéciaux sont ouverts au Ministère des finances pour recevoir avant échéance le dépôt des titres et des coupons de rentes.

Sur la remise des inscriptions de rentes nominatives ou des coupons d'arrérages au porteur à la caisse centrale du Trésor public, il est délivré aux parties un récépissé de dépôt sur la présentation duquel le payement est opéré à l'échéance.

Des avis placardés à chaque échéance font connaître au public la date à laquelle ces dépôts sont reçus au Trésor.

Détachement des coupons.

175. — Toutes les opérations qui s'effectuent sur les rentes sur l'État, ou sur les valeurs émises par le Trésor public sont faites avec la jouissance courante.

Tous les titres déposés au Trésor, à Paris et dans les départements, doivent donc être munis de tous les coupons non échus à la date du dépôt.

S'il s'agit de valeurs nominatives, le dépôt des titres n'est accepté par le Trésor que si le payement du dernier terme échu a été opéré.

Toutefois, à l'époque du détachement des coupons,

détachement qui s'opère en Bourse à des dates diverses, variant suivant la nature de la rente, 3, 4, 4 1/2 ou 5 0/0, le dépôt des titres doit avoir lieu avec le coupon détaché.

176. — Les époques du détachement des coupons sont les suivantes, pour les rentes sur l'État et pour les valeurs émises par le Trésor public :

Rente   16 mars, juin, septembre, décembre.
Rente 4   —   7 mars, septembre.
Rente 4 1/2 —   7 mars, septembre.
Rente 5   —   1er février, mai, août et novembre.
Rente 3 0/0 amortissable, 1er janvier, avril, juillet, et octobre.
Obligations trentenaires anciennes, 12 janvier et 12 juillet.
Obligations trentenaires nouvelles, 16 juin, 16 décembre.
Bons de liquidation, Paris, 20 avril et 20 octobre.
Bons de liquidation, Départements, 15 janvier et 15 juillet.

Bons du Trésor,

4 1/2 et 5 0/0 } Ech. 1880. { 5me bourse de mars et septembre.

4 0/0 et 4 1/2 } Ech. 1881. { 5me bourse de mars et septembre.

A partir de ces dates, la cote des titres a lieu à la Bourse, déduction faite de la valeur du coupon détaché.

Prescription quinquennale.

177. — Conformément aux dispositions de l'article 2277 du Code civil, les arrérages des rentes perpétuelles et viagères se prescrivent par cinq ans. Les formalités exigées pour interrompre la prescription en ce qui concerne le payement des arrérages des rentes sur l'État, ont été édictées par un avis du Conseil d'État dont nous rapportons le texte page 131, au paragraphe qui traite du rétablissement des rentes au grand-livre de la Dette publique.

Responsabilité du Trésor en matière de transferts.

178. — Les agents de change et les officiers ministériels que la loi a désignés à cet effet sont seuls responsables de la validité des transferts. Arrêté du 27 prairial an X, articles 15 et 16, ainsi conçus :

« Art. 15. A compter de la publication du présent
« arrêté, les transferts d'inscriptions sur le grand-livre
« de la Dette publique, seront faits au Trésor public en
« présence d'un agent de change qui certifiera l'iden-
« tité du propriétaire, la vérité de sa signature et des
« pièces produites.

« Art. 16. Cet agent de change sera, par le seul effet
« de sa certification, responsable de la validité desdits
« transferts, en ce qui concerne l'identité du proprié-
« taire, la vérité de sa signature et des pièces pro-
« duites : cette garantie ne pourra avoir lieu que pen-
« dant cinq années, à partir de la déclaration du
« transfert. »

Un arrêt du Conseil d'État, en date du 6 avril 1852, a fait ressortir encore plus clairement l'irresponsabilité du Trésor en matière de transferts :

« Il résulte des dispositions de la loi du 28 floréal
« an VII, dit cet arrêt, que les agents du Trésor n'ont
« point à examiner les titres constitutifs ou translatifs
« du droit de propriété des parties, et que les titres de
« cette nature ne doivent pas être soumis à leur appré-
« ciation ;

« Qu'une conséquence de ces dispositions est d'exo-
« nérer le ministre des finances de toute responsabilité
« à cet égard ;

« Que cette responsabilité qui, aux termes de l'arti-
« cle 182 du décret du 24 août 1793, pesait sur le liqui-
« dateur de la trésorerie, a été transportée aux officiers
« publics auxquels cette partie des fonctions de cet
« employé a été dévolue, et spécialement dans l'espèce
« aux greffiers des tribunaux dans les cas de mutations
« par jugement. »

Les termes de cet arrêt sont aussi formels que pos-sible pour établir l'irresponsabilité du Trésor.

Le Trésor refuse cependant de passer outre au trans-fert, lorsque les pièces produites à l'appui lui paraissent contraires aux lois et règlements qui régissent les rentes sur l'État. Dans ce cas, la responsabilité du Trésor peut être engagée ; mais, comme les mutations et les trans-ferts des rentes sur l'État sont exclusivement placés dans les attributions de l'autorité administrative, ces muta-tions et transferts constituent des actes administratifs

7.

qui ne peuvent être appréciés par l'autorité judiciaire ; aussi l'autorité administrative est-elle seule compétente pour juger la question de responsabilité vis-à-vis du Trésor. (*Ordonnance rendue en Conseil d'État le 5 janvier 1847. Voir Lettre du ministre des finances au syndic des agents de change, 25 septembre 1851.*)

Procurations.

179. — La procuration, ou mandat, est un acte par lequel une personne donne à une autre personne le pouvoir de faire quelque chose pour le mandant et en son nom. Telle est la définition du mot procuration donnée par le Code civil (art. 1984).

180. — La procuration est écrite ou verbale.

Il y a deux sortes de procurations écrites : la procuration sous seing privé, qui est faite sans l'intervention d'un officier public et sous la seule signature des parties ; et la procuration authentique, dressée par un officier public ayant le droit d'instrumenter dans le lieu où l'acte a été rédigé et avec les solennités requises.

181. — La procuration authentique ou notariée peut être rédigée en minute ou en brevet.

Elle est rédigée en minute quand elle est faite en double expédition. La minute est l'acte sur lequel se trouvent la signature du notaire, du témoin et des parties. L'expédition ou la copie de la minute est la pièce délivrée aux parties par l'officier ministériel, dont la signature doit être légalisée.

182. — On appelle *Brevet* l'original même de la procuration que, dans certains cas, le notaire n'est pas obligé de garder et qu'il peut remettre aux parties.

183. — Les transferts d'inscription de rentes nominatives, mixtes ou départementales s'opèrent tant à Paris que dans les départements :

1° En vertu de procurations notariées, en minute, pour les transferts de rentes au-dessus de 50 francs.

184.—2° Et pour les transferts de 50 francs de rentes et au-dessous, sur la production de procurations en brevet ou sous signature privée, non assujetties à la formalité du dépôt, mais dûment certifiées ou légalisées.

Les procurations sous seing privé seront certifiées par le maire, dont la signature sera légalisée par le préfet ou le sous-préfet, suivant l'arrondissement dans lequel l'acte aura été passé.

185. — Quant aux signatures des notaires sur les procurations en brevet, elles devront être légalisées conformément à la loi du 2 mai 1861, soit par le président du tribunal de première instance de l'arrondissement, soit par le juge de paix du canton dans lequel réside le notaire. Aux termes de la loi précitée, le président du tribunal est seul compétent pour légaliser les signatures des notaires exerçant au chef-lieu du ressort judiciaire (*Circulaire du Mouvement général des fonds, du 24 décembre* 1877).

A Paris, les signatures des notaires et des maires ne sont pas soumises à la formalité de la légalisation.

186. — A l'égard des procurations sous seing privé faites à l'étranger ou dans les colonies, le Trésor ne les accepte que jusqu'à concurrence d'une somme de 10 francs de rente.

Si le mandataire était empêché pour remplir le mandat qui lui a été confié, il devra, s'il y a été formellement autorisé, transmettre à une autre personne les pouvoirs contenus dans la procuration. Dans ce cas, il est nécessaire de produire au Trésor la procuration originale et la substitution, afin de vérifier si les pouvoirs donnés par le premier mandataire concordent avec ceux qui lui ont été confiés par le mandant, et enfin pour vérifier si ce dernier a bien autorisé son mandataire à substituer une autre personne dans l'exécution de son mandat (Voir *Modèles de procurations*, page 294).

Procuration verbale.

187. — Au point de vue spécial qui nous occupe, le Trésor considère le porteur d'une inscription de rente nominative, qui se présente à ses guichets pour en toucher les arrérages, comme le mandataire verbal du titulaire de la rente. Tout porteur de récépissé de dépôt de titres est également considéré comme le mandataire verbal du déposant.

En dehors des deux cas précités, le Trésor n'admet pas de mandat verbal pour toutes les autres opérations qu'il est chargé d'effectuer.

Certificats de propriété.

188. — La loi du 28 floréal an VII relative aux transferts de la Dette publique dispose, article 6, qu'en cas de mutation, « le nouvel extrait d'inscription sera « délivré à l'ayant droit, sur le simple rapport de l'an- « cienne inscription et d'un certificat de propriété ou « acte de notoriété, contenant ses nom, prénoms et « domicile, la qualité en laquelle il procède et possède « l'indication de sa portion dans la rente et l'époque de « sa jouissance. »

Les deux notes suivantes, publiées par le Ministère des finances, font connaître comment doivent être rédigés ces certificats de propriété, et quelles sont les personnes que la loi a chargées de leur délivrance.

Note concernant la forme des certificats de propriété pour mutation de rentes nominatives.

189. — I. *Désignation des inscriptions.* Les certificats de propriété à produire au Trésor pour la mutation des rentes sur l'État doivent énoncer en tête les inscriptions qui en font l'objet, par séries, *numéros* et *sommes de rente*, et en reproduire le libellé complet. (Un seul certificat est suffisant pour tous les titres dépendant d'une même succession, quelle que soit leur nature.)

II. — *Enonciation des actes et pièces*. Les actes et pièces établissant les droits des parties y sont mentionnés par ordre de date et analysés sommairement ; il suffit d'en relater les stipulations relatives aux rentes dont la mutation est requise.

Quand le certificat comprend plusieurs inscriptions de rentes à partager entre divers ayants droit, il est nécessaire d'indiquer la portion revenant à chacun d'eux, non dans chaque rente isolément, mais dans l'ensemble des titres, à moins que le notaire ne juge cette distinction utile pour conserver la trace de l'origine.

Néanmoins, s'il y a plusieurs natures de rente, chaque espèce doit faire l'objet d'une attribution séparée.

III. — *Certifié*. Dans la disposition finale où se trouve la certification du droit de propriété, le notaire doit désigner les nouveaux propriétaires par noms et prénoms, sans omettre les qualités civiles de : fille majeure, femme de... ou veuve de... et déterminer la portion de rente afférente à chacun. Il mentionne, lorsqu'il y a lieu, qu'ils sont légataires ou héritiers sous bénéfice d'inventaire. Pour les mineurs et interdits, il indique les noms, prénoms et qualités des tuteurs, administrateurs ou conseils judiciaires. Cette certification, spécialement quand il y a plusieurs rentes et plusieurs nouveaux titulaires, peut être faite ainsi : « En conséquence, « je certifie que les rentes énoncées en tête des présentes, s'élevant ensemble à....., appartiennent aux « ci-après nommés et doivent être immatriculées comme « suit, etc., etc. » (1).

____

(1) Lorsqu'une rente revient pour l'usufruit à une personne et

IV. — *Titres collectifs; attribution divise ou sans distinction de parts.* Lorsque plusieurs ayants droit figurent sur un même titre, il est nécessaire de faire connaître la somme de rente ou la quotité revenant à chacun, ou bien de dire qu'ils possèdent *indivisément*, sans que, dans aucun cas, on puisse laisser en doute le mode de possession, ni exprimer en même temps la division et l'indivision par des termes contradictoires, tels que *conjointement, ou chacun par moitié, un quart*, etc., ou *indivisément, ou chacun par moitié, un quart*, etc.

A défaut de constatation divise, formellement exprimée sur le titre, celui des intéressés qui voudrait ultérieurement se dessaisir de sa portion de rente aurait à réclamer le concours de ses copropriétaires, ou à justifier de ses droits divis en produisant un nouveau certificat de propriété.

Une rente supérieure à 50 francs, recueillie dans une succession par des majeurs et des mineurs, peut être vendue sans qu'il soit besoin de l'autorisation du conseil de famille, lorsque cette rente leur est attribuée par le certificat de propriété divisément dans la proportion de leurs droits héréditaires et que la part divise des mineurs est inférieure à 50 francs. (*Loi du 24 mars 1806.*)

V. — *Fractions de franc.* Dans le cas où le chiffre de rente ne se divise pas exactement sans fractions de

---

pour la nue propriété à d'autres, l'usufruitier doit être désigné avant le nu-propriétaire.

franc, on peut toujours obtenir des titres distincts au moyen de cessions de centimes entre les copropriétaires, constatées, à cet effet, dans le certificat de propriété.

VI. — *Mentions particulières à insérer dans les nouveaux titres.* Lorsque les énonciations contenues dans le certificat de propriété font connaître que les rentes sont soumises à certaines clauses ayant pour effet d'en restreindre la libre disposition, telles que l'incessibilité, la dotalité, la substitution, le droit de retour, les envois en possession, usufruits successifs, etc...., les actes stipulant les indisponibilités ou seulement la faculté d'aliéner à certaines conditions sont relatés dans le certificat, qui est alors terminé par une réquisition d'immatricule présentant textuellement les termes dans lesquels les nouveaux titres doivent être expédiés.

Même réquisition complète d'immatricule est nécessaire pour toutes opérations sur les nues propriétés, telles que transferts, nantissements, etc.

Sauf ces cas d'indisponibilité, l'origine des rentes ne se mentionne pas sur les titres.

VII. — *Bénéfice d'inventaire.* Lorsqu'une acceptation bénéficiaire concernant les mineurs ou autres incapables est relatée dans le cours du certificat de propriété, ce bénéfice d'inventaire doit être rappelé au certifié pour être mentionné sur les nouveaux titres.

VIII. — *Succession laissée dans l'indivision et gérée par un administrateur.* Pour les successions gérées provisoirement par un administrateur judiciaire, les noms, prénoms et qualités des héritiers ou légataires ne sont pas rappelés au certifié ; la rente peut être inscrite simplement au nom de la succession du titulaire, avec l'indication des nom et prénoms de l'administrateur ayant pouvoir soit de vendre et transférer la rente, soit seulement de toucher les arrérages, en vertu du jugement rendu par le tribunal de..... le.....

Il en est de même quand une rente doit être immatriculée au nom d'un usufruitier et que les droits des nu-propriétaires ne peuvent être établis régulièrement, soit parce qu'ils sont inconnus, soit parce qu'il y a intérêt à ne pas les inscrire immédiatement ; la nue propriété est attribuée à la succession du *de cujus* ou à ses héritiers et légataires d'une manière générale.

IX. — *Prélèvement pour l'acquit du passif.* Quand, dans un partage de succession, une partie de rente forme l'objet d'un prélèvement pour l'acquit du passif avec pouvoir à l'un des héritiers ou à un tiers d'en faire la réalisation, le notaire peut se borner à certifier que « la portion de rente affectée à l'acquit du passif « dépend de la succession de M....... et que M..... a « qualité pour vendre et transférer et en toucher le prix. »

Il est inutile alors d'en requérir l'immatriculation au nom de la succession ou des héritiers par voie de mutation ; l'opération s'effectue, dans ce cas, au moyen d'un transfert par le ministère d'un agent de change auquel on remet les pièces, sans qu'il soit besoin d'y joindre aucun extrait de procuration ou de liquidation.

X. — *Arrérages.* Les arrérages doivent, à moins d'empêchement, être touchés avant la mutation.

7.

Lorsque des titres distincts doivent être attribués aux nouveaux propriétaires, et qu'il est dû des arrérages arriérés, ces arrérages doivent, autant que possible, leur être attribués dans la même proportion que les rentes elles-mêmes (1).

XI. — *Rectifications de noms et prénoms.* Les rectifications concernant les erreurs de noms et prénoms des titulaires peuvent être faites dans un certificat de propriété, en visant seulement la minute d'un acte de notoriété, sans qu'il soit besoin d'y relater l'annexe des actes de l'état civil.

Cette annexe n'est nécessaire que dans le cas où l'acte de notoriété est produit isolément, et encore elle n'est pas exigée pour une simple interversion de prénoms ni pour une légère différence dans l'orthographe du nom.

XII. — *Établissements religieux.* Lorsqu'il s'agit de dons ou de legs à des établissements religieux, l'immatricule est déterminée par les termes mêmes du décret ou de l'arrêté préfectoral qui a autorisé l'acceptation ou l'emploi en rentes. (*Lettre du garde des sceaux du* 30 *mars* 1865).

XIII. — *Rentes au porteur.* Les rentes au porteur trouvées dans une succession ne sont pas assujetties à la double formalité de la cote et du paraſe (*Arrêt de la Cour de cassation du* 15 *avril* 1861). Aussi elles ne doivent pas figurer dans les certificats de propriété.

---

(1) Quand un prorata d'arrérages dépend de la succession d'un usufruitier, il est utile d'en faire l'attribution au nu-propriétaire ou à ses représentants.

On doit s'abstenir également d'y requérir la délivrance des rentes au porteur, attendu que la conversion des inscriptions nominatives en rentes au porteur ne peut avoir lieu qu'en vertu d'un transfert et par le ministère d'un agent de change. (*Ordonnance du 29 avril 1831, art. 2.*)

XIV. — *Certificats collectifs.* Deux notaires exerçant dans le même ressort peuvent concourir à la rédaction d'un seul et même certificat de propriété. Dans ce cas, leur certification est collective : elle ne doit pas être suivie de l'expression restrictive : *chacun en ce qui le concerne.*

Les certificats de propriété sont produits en originaux et non en expédition, même lorsqu'ils sont délivrés à l'étranger.

Le dépôt des pièces étrangères n'est obligatoire qu'à l'égard des procurations pour transférer.

XV. — *Certificats des receveurs d'enregistrement.* Lorsque la mutation d'une rente est requise par suite de décès, le certificat de propriété doit être accompagné du certificat de l'enregistrement prescrit par la loi du 8 juillet 1852, en exécution de la loi du 18 mai 1850, à l'effet de constater que la rente a été comprise dans la déclaration faite à cette administration.

Il est également exigé pour les successions vacantes, ainsi que pour les successions ouvertes à l'étranger.

Ce certificat est affirmatif ou négatif, selon que le droit de mutation est dû ou non, ce que les agents de l'enregistrement sont exclusivement chargés d'apprécier ; par suite, il n'y a pas lieu de s'en tenir au texte littéral de la loi du 8 juillet 1852. (*Certificat constatant l'acquittement des droits de mutation.*)

XVI. — *Circonstances particulières.* Ainsi il doit être produit notamment dans les circonstances suivantes :

1° Réversions ou ouvertures soit de propriétés, soit d'usufruit au profit de propriétaires ou d'usufruitiers conjoints ou successifs ;

2° Droit de retour au profit du donateur en cas de prédécès du donataire ;

3° Rentes inscrites postérieurement au décès de l'ayant droit soit comme achats, soit en vertu de répartition tontinière ou d'emploi de fonds versés à la caisse d'épargne ;

4° Décès soit d'un donateur ou d'un cédant avant l'immatricule au nom des donataires ou cessionnaires des rentes données ou cédées, soit d'un titulaire qui serait reconnu par jugement ou autrement n'avoir jamais eu de droit à la rente ;

5° Décès des grevés de restitutions, des fidéicommissaires, exécuteurs testamentaires ou administrateurs quelconques, spécialement pour les rentes possédées par les étrangers ;

6° Attribution des biens de la communauté à l'époux survivant à titre de conventions matrimoniales, en payement de ses reprises, ou pour toute autre cause, renonciation à la communauté par la femme ou ses représentants.

Dans tous ces cas ainsi que dans ceux analogues, le certificat de l'enregistrement sera affirmatif ou négatif, mais spécial aux inscriptions qui doivent être désignées par sommes et numéros. (*Instruction de l'enregistrement, du 27 avril 1875, n° 2508, § 6.*)

XVII. — *Exemptions.* Il n'y a pas lieu à sa production dans les cas ci-après :

1° Décès antérieur à la promulgation de la loi du 18 mai 1850 (*Lettre du directeur général de l'enregistrement et des domaines, du 27 octobre 1868*);

2° Décès de personnes domiciliées en Algérie et dans les colonies françaises où les lois précitées n'ont pas été promulguées (*Instruction de l'enregistrement, du 31 décembre 1857, n° 2114, § 9*);

3° Décès de personnes domiciliées en Alsace-Lorraine, lorsque ce décès a eu lieu antérieurement au traité du 2 mars 1871 (*Décision ministérielle du 3 décembre 1873*);

4° Successions en déshérence recueillies par le domaine, les droits ne devenant exigibles que dans les cas où les héritiers du décédé auraient obtenu la remise des biens administrés par le domaine;

5° Décès d'un usufruitier, lorsque, par suite de l'extinction de l'usufruit, il y a réunion de cet usufruit à la nue propriété.

XVIII. — *Prescription.* La prescription établie par la loi du 8 juillet 1852 est de trente ans.

Note sur la délivrance des certificats de propriété.

190. — Sont appelés à délivrer les certificats de pro

priété relatifs aux rentes sur l'Etat, d'après l'ordre indiqué par l'article 6 de la loi du 28 floréal an VII :

1° Les notaires ;

2° Les juges de paix ;

3° Les greffiers des tribunaux de première instance et d'appel;

4° Et à l'étranger, les magistrats autorisés par les lois de leur pays.

La compétence des juges de paix et des greffiers est limitée aux cas déterminés par la loi, tandis que celle des notaires peut être admise dans toutes les circonstances qui nécessitent la délivrance d'un certificat de propriété.

§ 1er. NOTAIRES. — 1° *Le notaire certificateur doit avoir la minute de l'un des actes translatifs de propriété.* Le droit de délivrance appartient au notaire détenteur:

Soit de la minute de l'un des quatre actes mentionnés en l'article 6 de la loi du 28 floréal an VII: inventaire, partage, donation, testament;

Soit la minute d'un acte translatif quelconque, ayant trait à la propriété de la rente, tel que :

Contrat de mariage, transport de droits successifs, acceptation de donation, délivrance de legs, dépôt avec reconnaissance d'écritures, d'actes sous seing privé, naptissements, etc...

L'énumération faite en la loi du 28 floréal an VII, ne peut être, en effet, considérée comme limitative, et une extension doit être admise pour tous autres actes attributifs ou translatifs de propriété.

Ainsi, sauf l'exception indiquée au n° 8 ci-après, le notaire qui n'est détenteur d'aucune minute ne peut avoir qualité, quand même il aurait reçu en dépôt les expéditions de tous les actes justificatifs des droits des parties.

2° *Aucune distinction n'est à faire entre ces différents actes.* L'arrêt de la Cour des comptes, du 24 juin 1835, décide en principe *qu'il n'est pas besoin, de la part du Trésor, de faire un choix entre ces actes, et de distinguer ceux qui sont principaux de ceux qui ne sont qu'accessoires.*

Le notaire détenteur de la minute du dernier acte qui a fixé la propriété dans les mains des parties prenantes au jour du certificat de propriété n'a pas un droit exclusif, mais un simple droit de préférence, et c'est en ce sens que doit être interprétée la délibération de la chambre des notaires de Paris, du 9 ventôse an XIII, article 17.

Par suite, si deux ou plusieurs de ces actes ont été dressés par des notaires différents, et que ces notaires ne croient pas devoir concourir ensemble à la délivrance du certificat, ou qu'ils ne puissent le faire, comme n'étant pas du même ressort, le droit de délivrance appartient indistinctement au notaire détenteur de l'une quelconque des minutes, à la condition de faire le dépôt dont il va être ci-après parlé.

3° *Dépôt à faire en l'étude du notaire certificateur.* Le notaire qui n'est détenteur que de l'une ou de plusieurs des minutes des actes translatifs de propriété doit viser en outre les expéditions ou extraits, à lui déposés pour minute, de tous autres actes reçus par d'autres notaires, et qui seraient nécessaires pour compléter l'établissement des droits des nouveaux propriétaires de la rente.

Ce dépôt pour minute est autorisé, même pour des actes reçus par des notaires de la même résidence ou du même ressort que le notaire certificateur. (*Statuts de la chambre des notaires*, 1er mai 1870, art. 30, IIe partie).

La représentation que le notaire certificateur se ferait faire de ces expéditions ou extraits serait insuffisante et ne pourrait tenir lieu du dépôt ; il en serait de même, à plus forte raison, de la simple énonciation de ces actes.

Il se fera également déposer tous autres actes et pièces de toute nature qui seraient utiles, tels que : copies d'actes de l'état civil, grosses ou extraits de jugements, originaux de significations, certificats de non-opposition ni appel, etc.

4° *Actes de notoriété*. La minute d'un simple acte de notoriété, dressé à défaut d'inventaire pour établir les qualités héréditaires des parties ou constater l'absence d'héritiers réservataires en cas de donation universelle ou de legs au même titre, ne peut suffire pour conférer au notaire qui en est détenteur la faculté de dresser le certificat de propriété, dès lors qu'il existe dans une autre étude la minute, soit de l'un des actes visés en la loi de floréal, soit d'un acte quelconque translatif de propriété.

Ce notaire n'aurait donc pas qualité pour agir, même en se faisant déposer l'expédition ou l'extrait de ce dernier acte.

Telle est la prescription formelle imposée par l'arrêt précité du 24 juin 1835 : il établit comme règle absolue que la loi du 28 floréal a entendu *déléguer, pour dresser le certificat de propriété, le notaire détenteur de la minute de l'un des actes qui y sont indiqués et que cette délégation lui est essentiellement restrictive.*

Cet arrêt a été confirmé par deux arrêts de la Cour des comptes des 30 mars 1837 et 8 juin 1839.

Néanmoins, lorsque la mutation n'a pas d'autre cause de transmission que le fait du décès, cas dans lequel le juge de paix semble être le seul fonctionnaire désigné par la loi, le certificat de propriété délivré par un notaire et basé uniquement sur la minute d'un acte de notoriété ou sur le brevet original d'un acte de notoriété déposé pour minute est reconnu comme suffisant et peut être admis.

5° *Actes de cession de rentes.* Les transferts de rentes sur l'État ne peuvent s'opérer que sur la certification d'un agent de change. (*Loi du 28 floréal an VII; Arrêté du 27 prairial an X; Ordonnance du 14 avril 1819,* art. 6, et *Arrêté du 30 janvier 1822.*)

Par suite, un certificat de propriété délivré sur le vu de la minute d'un acte contenant transfert pur et simple d'une rente par le titulaire au profit d'un tiers, ne peut être accepté pour faire opérer la mutation au nom de ce dernier. (*Décision ministérielle du 7 août 1821.*)

Cependant de pareils certificats sont admis lorsqu'il s'agit d'une cession d'usufruit ou de nue propriété ou bien lorsque la cession de la pleine propriété n'est que le complément ou l'accessoire de conventions ou obligations précédentes, telles que, par exemple, le cas de dation en payement par un acquéreur à son vendeur, liquidation de reprises, constitution de rente viagère, cession de fractions non inscriptibles, etc...

6° *Actes de réquisition*. La minute d'un simple acte de réquisition ne peut conférer au notaire qui en est détenteur le droit de délivrer le certificat, à moins que la réquisition faite par *toutes les parties majeures et maîtresses de leurs droits* ne soit accompagnée d'une déclaration expresse de *leur part*, contenant division des rentes ou consentement de rester dans l'indivision.

Mais la réquisition faite seulement dans le certificat délivré en brevet est insuffisante; il en serait de même de toute réquisition en minute émanant d'un *seul* ayant droit ou *d'incapables*.

7° *Jugement*. Si la mutation s'est opérée en vertu d'un jugement, le notaire pourra avoir qualité, ainsi que le greffier, pour délivrer le certificat de propriété, parce que les droits des parties qui ont été l'objet d'une contestation peuvent résulter partiellement d'actes ayant précédé ou suivi ce jugement.

Il suffira alors que le notaire soit détenteur de la minute de l'un de ces actes, et il se fera déposer en outre la grosse du jugement et les pièces constatant son exécution, ou qu'il est passé en force de chose jugée, ainsi que les expéditions ou extraits de tous autres actes authentiques utiles dont il n'aurait pas les minutes.

8° *Actes reçus à l'étranger*. Quand il s'agit d'actes reçus à l'étranger et même dans les colonies françaises, un notaire français est également compétent en se faisant déposer ces actes eux-mêmes, ou leurs expéditions ou extraits dûment légalisés.

L'arrêt de la Cour des comptes précité, du 24 juin 1835, donne même un droit de préférence aux certificats délivrés par les notaires français.

9° *Légalisation.* — La signature des notaires, excepté pour le département de la Seine, est légalisée par le président du tribunal civil de l'arrondissement. Elle peut l'être aussi par le juge de paix de leur canton, lorsqu'ils n'exercent pas dans les chefs-lieux de département ou d'arrondissement. (*Loi du 25 ventôse an XI, art.* 28, *et loi du 2 mai* 1861.)

§ 11. Juges de paix. — *Compétence.* Les juges de paix ne sont compétents pour délivrer les certificats concernant les titulaires décédés dans leur ressort, qu'en l'absence de tout acte translatif ou attributif de propriété, et lorsque les droits des nouveaux propriétaires résultent uniquement des dispositions de la loi, sans être modifiés ou constatés par aucun acte antérieur ou postérieur au décès du titulaire (*Annotation se trouvant à la suite du décret du* 18 *septembre* 1806.)

Incompétence. Ainsi ils cessent d'avoir qualité pour cette délivrance lorsqu'il existe :

Actes notariés. 1° Un acte notarié quelconque ayant trait à l'hérédité (1);

---

(1) Une exception est faite pour un simple acte de notoriété qui aurait été dressé par un notaire, à défaut d'inventaire pour constater des qualités héréditaires, acte que le juge de paix doit d'ailleurs s'abstenir de relater dans son certificat.

Jugements. 2° Un jugement en vertu duquel la mutation s'est opérée.

Il en est ainsi non-seulement quand le jugement a statué sur la propriété des titres de rentes par suite d'une contestation survenue entre les parties, mais encore lorsqu'il a prononcé :

Soit l'envoi en possession provisoire ou définitive par suite d'absence ;

Soit la déclaration de vacance ou de déshérence d'une succession ;

Soit l'envoi en possession au profit d'un conjoint survivant ou de tout autre successeur irrégulier appelé à succéder à défaut d'héritiers légitimes.

Actes judiciaires. 3° Actes quelconques dressés au greffe d'un tribunal, tels que actes d'acceptation ou de renonciation soit d'une communauté, soit d'une succession ;

Actes sous seing privé. 4° Actes sous seing privé, tels que ceux contenant partage ou transport des droits successifs : ces sortes d'actes ne peuvent servir de base à l'établissement des droits des parties, qu'autant qu'ils sont devenus authentiques par le dépôt avec reconnaissance d'écritures, en l'étude d'un notaire, ou que cette reconnaissance ait eu lieu en justice ; un greffier de justice de paix ne pouvant recevoir régulièrement le dépôt d'actes sous seing privé et les ranger dans les minutes du greffe. (*Arrêts de la Cour de cassation, chambre civile, audiences des 13 et 14 février* 1866.)

Légalisation. Les certificats de propriétés sont délivrés en brevet par les juges de paix ; leur signature doit être légalisée par le président du tribunal civil de l'arrondissement dans lequel ils exercent leurs fonctions.

Ainsi l'expédition, que délivrerait un greffier de justice de paix, d'un certificat de propriété conservé dans les minutes du greffe, ne pourrait être admise.

§ III. Greffiers. — *Jugement ou arrêt opérant une mutation.* Le greffier du tribunal civil ou de la Cour d'appel délivre le certificat de propriété lorsque, par suite de contestations litigieuses, les droits des nouveaux propriétaires de la rente sont établis par un jugement ou un arrêt.

Mais si un jugement a pour objet seulement de prescrire des mesures conservatoires, telles que la nomination d'un administrateur, ou d'autoriser le transfert de rentes dépendant d'une succession, c'est au notaire détenteur de la minute de l'un des actes qui ont dû précéder ou suivre l'obtention du jugement qu'appartient le droit exclusif de la délivrance.

Légalisation. La signature du greffier du tribunal ou de la Cour d'appel est légalisée par le Président du tribunal ou de la Cour.

§ IV. Notaires ou magistrats étrangers et consuls. — *Notaires, magistrats.* Quant aux successions ouvertes à l'étranger, les certificats peuvent être délivrés par les magistrats, notaires ou autres fonctionnaires autorisés par les lois de leurs pays, sur la justification d'un certificat de coutume attestant que les signataires des certificats de propriété ont qualité à cet effet. (*Instruction relative à l'exécution de la loi du 14 avril 1819.*)

Consuls étrangers. Les consuls étrangers en France peuvent également délivrer des certificats de propriété pour les rentes qui dépendent des successions de leurs nationaux, mais seulement lorsque le droit d'instrumenter leur a été formellement reconnu par une convention diplomatique.

Consuls français. De même, les consuls français hors de France sont admis à délivrer des certificats de propriété pour les successions des Français décédés, domiciliés dans l'étendue de leur juridiction.

Légalisation. Les certificats délivrés par les magistrats ou fonctionnaires étrangers sont légalisés en premier lieu par les autorités du pays et ensuite par les consuls français au Ministère des affaires étrangères en France.

Ceux que délivrent les consuls étrangers ou français sont légalisés au Ministère des affaires étrangères. (*Ordonnances des 23, 25 et 28 octobre 1833.*)

Légalisation.

191. — La légalisation est une formalité d'ordre général qui ne peut pas être négligée. Elle est indispensable pour étendre l'authenticité de l'acte, d'un ressort de juridiction à un autre.

La signature des maires doit être légalisée par le préfet ou le sous-préfet; mais s'il s'agit d'actes de l'état civil, les juges de paix et le président du tribunal sont également compétents.

La signature des notaires, excepté pour le département de la Seine, est légalisée par le président du tribunal civil de l'arrondissement. Elle peut l'être aussi par le juge de paix de leur canton, lorsqu'ils n'exercent pas dans les chefs-lieux de département ou d'arrondissement. (*Loi du 25 ventôse an XI*, art. 28, et *Loi du 2 mai* 1861.)

La signature des agents de change doit être légalisée par le président du tribunal de commerce ; toutefois cette légalisation n'est nécessaire que lorsque l'agent de change exerce hors du département de Seine.

La signature du greffier du tribunal ou de la cour d'appel doit être légalisée par le président du tribunal ou de la cour.

Les certificats délivrés par les magistrats ou fonctionnaires étrangers sont légalisés par les autorités du pays et ensuite par les consuls français et au Ministère des affaires étrangères. (*Loi du 2 mai* 1861.)

Certificats de vie.

192. — Les certificats de vie, prescrits par les règlements, sont exigés pour toutes les opérations de renouvellement des rentes nominatives, dans le but d'empêcher des tiers porteurs sans mandat de recevoir indéfinitivement, au préjudice des ayants droit, les arrérages de la rente dont le titre serait tombé dans leurs mains et de garantir en même temps au Trésor le payement des droits de mutation qui pourraient être dus à la suite du décès du titulaire de la rente.

Ce certificat doit constater non-seulement l'existence, mais aussi l'identité du titulaire de la rente. Il est toujours délivré sur timbre soit par un notaire, soit par le maire de la commune de la résidence de la partie, dont les signatures doivent être légalisées (Voir *Modèles*, pages 291 et 292).

Prescription des arrérages. — Rétablissement des rentes.

193. — Les rétablissements de rentes consistent à remettre en payement, avec ou sans mutation de propriété :

1° Toutes les rentes dont les arrérages n'ont pas été touchés depuis cinq ans révolus et qui sont par suite frappés de déchéance (*Loi du 24 août 1793, art. 156*).

2° Les rentes provenant de successions et dont la mutation, faute de justifications complètes, a dû être révervée soit à l'égard de tous les héritiers, soit à l'égard de quelques-uns d'entre eux.

194. — Ces rentes sont inscrites à un compte spécial, appelé dans la pratique compte des portions non réclamées.

Aucune rente ne peut sortir de ce compte pour être remise en payement, sans qu'il soit produit au Trésor les justifications de règle.

L'inscription d'une rente au compte des portions non réclamées a lieu :

1° Pour les rentes nominatives : 5 ans à compter du dernier terme payé ;

2° Pour les rentes mixtes : 15 ans à compter de la date de l'émission de l'inscription de rente ;

3° Pour les rentes au porteur : 10 ans à compter de la date de l'émission de l'inscription de rente.

Cette inscription au compte des portions non réclamées n'est en somme qu'une mesure d'ordre intérieur, les arrérages de rentes se prescrivant toujours par cinq ans *(Art. 2277 du Code civil)*.

195. — Tout rétablissement de rente ne donne donc droit qu'au payement des cinq dernières années d'arrérages ; cependant, dans le cas où la prescription aurait été interrompue par les intéressés, il leur est tenu compte des arrérages pendant l'année qui leur est accordée pour faire valoir leurs droits.

L'avis suivant du Conseil d'État, du 13 avril 1809, résume les formalités à remplir par les réclamants d'arrérages de rentes sur l'État, pour interrompre la prescription quinquennale.

Le Conseil d'État, etc.,

« Vu l'article 156 de la loi du 24 août 1793 portant
« que, dans tous les cas, aucun créancier ne pourra
« réclamer que les cinq dernières années de rentes sur
« l'État avant le semestre courant ;

« Vu l'article 2277 du Code Napoléon, qui porte que
« les arrérages de rentes perpétuelles et viagères se
« prescrivent par cinq ans ;

« Considérant que des réclamations non justifiées ne
« peuvent mettre le trésor public en demeure d'acqui
« ter ce qu'il est toujours prêt à payer ;

« Est d'avis :

« Que les réclamations, non appuyées de toutes les
« pièces justificatives, présentées par des créanciers
« d'arrérages de rentes sur l'État *ne peuvent interrom-*
« *pre la prescription* qu'autant que dans le délai d'un
« an du jour de la réclamation, le créancier se mettra
« en règle et présentera toutes les pièces justificatives
« de la légitimité de sa demande. »

De ce qui précède, il résulte que les parties ne peuvent interrompre la prescription que pendant l'année
qui précède la production des justifications prescrites
par les règlements.

Droits de transmission qui frappent les mutations de rentes sur l'État.

196. — Comme toutes les valeurs mobilières et immobilières, les rentes sur l'État sont assujetties aux
droits de transmission qui frappent la propriété, chaque fois que cette transmission est le résultat d'actes de
donation entre vifs ou testamentaire, ou qu'elle est effectuée à la suite de décès.

Ce droit, comme nous l'avons dit, lorsque nous avons
fait connaître les immunités et priviléges accordés à la
rente, est un droit successoral et non pas un impôt sur
la rente. Il est établi suivant la nature des actes qui
constatent la transmission des rentes et d'après le degré
de parenté des héritiers, légataires, ou des parties con-
tractantes.

Le tableau suivant fait connaître le montant des droits

perçus par l'État pour chaque transmission ou mutation de rentes :

| INDICATION | | TARIF DES DROITS DE MUTATION décimes compris. | | |
| DES ARTICLES DE LOI qui ont fixé le tarif en principal. | DU DEGRÉ DE PARENTÉ des héritiers, légataires, donataires ou parties contractantes. | par DÉCÈS. | DONATION ENTRE VIFS | |
			par contrat de mariage.	hors contrat de mariage.
22 frimaire an VII, art. 69, —28 avril 1816 art. 53 et 54. 18 mai 1850, art. 10...........	En ligne directe.	fr. 1.25 0/0	fr. 1.5625 0/0	fr. 3.125 0/0
	Entre époux...	3.75 0/0	1.875 0/0	3.75 0/0
	Entre frères et sœurs, oncles et tantes, neveux et nièces.	8.125 0/0	5.625 0/0	8.125 0/0
21 avril 1832, art. 33, — 18 mai 1850, art. 10...........	Entre grands-oncles et grandes-tantes, petits-neveux et petites nièces.	8.75 0/0	6.25 0/0	8.75 0/0
	Entre parents au delà du 4e degré jusqu'au 12e.........	10 0/0	6.875 0/0	10. 0/0
	Entre étrangers.	11.25 0/0	7.50 0/0	11.25 0/0

Nota. — Les successeurs irréguliers, enfants naturels, époux survivant, appelés, à défaut de parents, au degré successible, sont assimilés aux étrangers. (Loi du 28 avril 1816, art. 53.)

Jugements.

197. — Les jugements qui établissent les droits des nouveaux propriétaires, ainsi que tous ceux qui ordonnent la vente d'inscriptions de rentes, ne sont exécutoires que sur la production des certificats prescrits par l'article 458 du code de procédure civile, constatant la signification à domicile du jugement, et la preuve qu'il n'est survenu ni opposition ni appel (*Dalloz*).

Lorsque le changement d'immatricule ou le transfert d'une rente a lieu en vertu d'un jugement, il ne suffit pas de produire au Trésor la grosse ou l'expédition de cet acte judiciaire. Comme dans tous les autres cas de mutation, il faut un certificat de propriété qui sera rédigé soit par un notaire, soit par le greffier du tribunal d'où émane le jugement.

Si indépendamment de cette décision judiciaire, il existe d'autres actes de nature à déterminer la propriété de la rente et notamment l'un des actes énumérés dans l'article 6 de la loi du 28 floréal an VII, tout notaire qui aurait dressé l'un de ces actes serait compétent, s'il se fait déposer la grosse du jugement au rang des minutes de son étude.

Le greffier n'est apte à délivrer le certificat de propriété que si les droits des nouveaux propriétaires résultaient uniquement des dispositions du jugement, et même dans cette hypothèse, le notaire des parties serait encore compétent, s'il remplissait au préalable la formalité du dépôt au rang de ses minutes.

198. — Les jugements sont rédigés d'abord en minute.

La minute est l'acte dressé par le greffier du tribunal sous la dictée du président, qui constitue l'original du jugement et qui doit rester perpétuellement dans les archives du greffe. Elle est signée par le président et par le greffier. Elle doit contenir :

1° Le dispositif, c'est-à-dire ce qui a été décidé ;

2° Les motifs ;

3° Le nom des juges ;

4° Les signatures du président et du greffier. Il est délivré autant d'expéditions du jugement que les parties le désirent ;

199. — L'expédition du jugement ne doit pas être confondue avec la minute ; quoiqu'elle en soit la copie, elle n'en est cependant pas la reproduction pure et simple, car elle doit indiquer encore ; ·

1° Le nom du procureur, s'il a été entendu ;

2° Les nom, profession et demeure des parties ;

3° Le nom des avoués ;

4° Leurs conclusions ;

5° L'exposé sommaire des points de fait et de droit.

La minute est seulement l'acte authentique du jugement dressé par un officier public compétent. Elle n'est pas un acte exécutoire ; ce n'est pas sur elle que se mettent l'intitulé des lois et le mandement aux officiers de la force publique d'avoir à assurer l'exécution du jugement. Cette formule d'exécution est seulement mise sur l'expédition, qui prend alors le nom de grosse, ainsi nommée parce qu'elle est écrite en gros caractères, tandis que l'original et l'expédition ordinaire non revêtue de la formule exécutoire sont écrits en petits caractères.

Il ne peut être délivré aux parties qu'une grosse du jugement, sauf le cas de perte, et seulement en vertu d'une permission spéciale du président du tribunal.

Les minutes des jugements sont publiques, en ce sens, qu'elles peuvent être consultées au greffe par tout le monde, contrairement à ce qui a lieu pour les minutes déposées chez les notaires.

Cessions de rentes. (*Actes de*)

200. — Les transferts de rentes sur l'État ne peuvent s'opérer, ainsi que nous l'avons vu, que sur la certification d'un agent de change (*Loi du* 28 *floréal an VII.* — *Arrêté du* 27 *prairial an X.* — *Décret du* 13 *thermidor an XIII* (art. 1er). — *Ordonnance du* 14 *avril* 1819 *article* 6. — *Arrêté ministériel du* 30 *janvier* 1822).

Conformément à cette règle, le Trésor n'accepte pas un certificat de propriété délivré sur le vu de la minute d'un acte contenant transfert pur et simple d'une rente, par le titulaire au profit d'un tiers (*Décision ministérielle du* 7 *août* 1821).

Cependant, de pareils certificats sont admis, lorsqu'il s'agit d'une cession d'usufruit ou de nue propriété, ou bien lorsque la cession de la pleine propriété n'est que le complément ou l'accessoire de conventions ou obligations précédentes, telles que, par exemple, le cas de dation en payement par un acquéreur à son vendeur, liquidation de reprises, constitution de rentes viagères, cession de fractions non inscriptibles, etc.

Cote des titres par les notaires.

201. — Les titres au porteur ne doivent pas être cotés ; un arrêt de la Cour de cassation du 15 avril 1861 ayant décidé que l'article 943 du Code de procédure civile n'était pas applicable aux titres au porteur, et que dorénavant les notaires devraient s'abstenir de les parapher sous peine de payer les frais occasionnés pour la délivrance des nouveaux titres. Les titres nominatifs seuls peuvent donc être cotés.

202. — Dans le cas où une inscription de rente au porteur aurait été cotée, le notaire devra annuler la cote par la mention suivante apposée sur le titre :

« *Je soussigné déclare annuler la cote d'inventaire apposée par moi ou mon prédécesseur sur l'inscription de rente n°   de   francs dont je requiers le renouvellement ou l'échange.* »

(Signature dûment légalisée.)

Voici l'arrêt de la Cour de cassation du 15 avril 1861 cité plus haut :

« Attendu, en fait, qu'il résulte des qualités de l'arrêt
« attaqué, qu'à l'inventaire de la succession de Char-
« vier, les titres sur lesquels le demandeur, notaire
« commis pour représenter les héritiers absents, exi-
« geait la cote et le paraphe en se fondant sur l'article 943
« C. pr. civ. étaient des valeurs au porteur ; — attendu

« que ces sortes de valeurs, aux termes de l'article 35
« C. de comm. et des diverses autres lois et règlements
« qui les ont autorisées et en ont généralisé l'usage,
« ont pour caractère substantiel d'être transmissibles li-
« brement par la simple tradition, sans aucune formalité
« et sans qu'il y ait lieu à aucune justification, sauf les
« cas de dol ou de perte ;

« Attendu que l'inventaire et les formalités qui y
« sont prescrites ayant pour objet la constatation exacte
« et la conservation pour tout ayant droit des valeurs
« d'une succession dans leur intégrité, l'on doit en con-
« clure que si le § 6 de l'article précité ordonne la cote
« et le parafe des papiers, le législateur n'a pu y
« comprendre les titres au porteur et les soumettre à
« une formalité dont l'effet serait d'en dénaturer le ca-
« ractère, et qui, en signalant leur passage en diverses
« mains, pourrait donner lieu à des recherches ou à des
« garanties incompatibles avec les avantages de la libre
« circulation qui est de leur essence. — Qu'il suffit,
« d'ailleurs, indépendamment de la description des ti-
« tres faite conformément à l'ensemble de l'article pré-
« cité, des mesures de précautions prescrites par le § 9
« pour constater et assurer la conservation de ces valeurs
« comme de toutes les autres ; — d'où il suit qu'en
« décidant, comme il l'a fait, l'arrêt attaqué, loin de
« violer ledit article 943 C. pr. civ., en a fait au contraire
« une saine application ;

« Rejette. »

Retrait des titres.

203. — Ainsi que nous l'avons énoncé plus haut, le service des rentes a été divisé en deux parties distinctes comprenant, d'une part, tout ce qui concerne les rentes au porteur et, d'autre part, tout ce qui a rapport aux rentes nominatives.

Les délais dans lesquels les nouvelles inscriptions de rentes sont délivrées au public varient suivant la nature de l'opération demandée.

Il est difficile d'assigner une date fixe pour la remise des titres provenant d'opérations de nature différente. On comprend, en effet, que lorsqu'il s'agit de rentes nominatives ou mixtes pour lesquelles il y a lieu d'examiner le droit des parties, appuyé souvent par des pièces contentieuses, le délai ne puisse être le même que pour les opérations faites sur des rentes au porteur qui n'exigent aucune vérification du droit de propriété.

Cependant, pour remplir le but que nous nous sommes proposé en entreprenant ce travail, nous indiquerons ci-après les délais qui s'appliquent à un certain nombre d'opérations, en ayant soin de faire la distinction entre les opérations effectuées sur les rentes au porteur et celles faites sur la rente nominative.

Rentes au porteur.

NATURE DES OPÉRATIONS.	DATE de la remise des titres après le dépôt au Trésor.	HEURES de l'ouverture des guichets.
Renouvellement, réunion, division, reconversion en inscriptions mixtes.	3 jours.	De 10 h. à midi.
Reconversion en inscriptions nominatives.	Le lendemain.	

S'adresser au bureau des reconversions, au palais du Louvre, galerie vitrée.

Rentes nominatives.

Renouvellement, réunion, division, changement de qualité, extinction d'usufruit, mutation.	15 jours à 3 semaines.	De 10 heures à 3 heures.
Transfert simple.	Le lendemain.	
Transfert avec certificat de propriété.	De 1 à 3 jours, suivant l'importance des pièces à examiner.	
Conversion d'inscriptions nominatives en inscriptions au porteur ou mixtes. Conversion d'inscriptions mixtes en inscriptions au porteur	3 jours.	De 10 heures à 11 heures et demie.

Rentes mixtes.

Renouvellement, réunion, division ; transfert simple	8 jours.	De 10 heures à 11 heures et demie
ransfert avec certificat de propriété.	Délai variable.	
Mutation.	15 jours à 3 semaines.	

S'adresser au bureau des transferts et mutations, au palais de la Bourse.

Nota. Quant aux nouvelles inscriptions provenant d'opérations demandées par les rentiers habitant les départements, elles sont adressées aux trésoriers généraux huit jours après la date d'arrivée des anciens titres au Ministère des finances, lorsqu'il s'agit d'opérations faites sur des rentes au porteur ; et dans un délai maximum d'un mois s'il s'agit d'opérations ayant eu pour base des rentes nominatives ou mixtes,

BOURSE DE PARIS

COMPAGNIE DES AGENTS DE CHANGE

204. — TARIF DES DROITS DE COURTAGE

Extrait du Registre des Délibérations de la Chambre syndical
(Séance du 12 avril 1876)

Tarif légal.

La loi confère aux agents de change le droit de percevoir, comme courtage, le quart d'un franc par cent francs, payable par le vendeur et autant par l'acheteur, sur toutes les négociations dont ils sont chargés indistinctement.

Tarif minimum.

(Toute réduction sur les droits indiqués dans le tarif *minimum* rendrait l'agent de change passible de pénalités très-sévères de la part de la chambre syndicale.

Droit à 1/4 0/0.

Tous les effets publics ou particuliers dont la négociation est faite en vertu de pièces contentieuses, d'un jugement, d'une délibération de conseil de famille ou d'un acte authentique prescrivant un remploi. (Toute pièce autre qu'une simple procuration est reputée pièce contentieuse et nécessite rigoureusement la perception de un quart pour cent.)

Droit à 1/8 0/0.

Rentes françaises (au comptant). — Bons du Trésor. — Fonds publics étrangers (au comptant). — Emprunts des départements, villes ou établissements publics. — Actions et obligations des compagnies de chemins de fer français (au comptant et à terme) et étrangers (au comptant). — Et généralement toutes les actions ou obligations dont la négociation à la Bourse est autorisée.

Le droit à 1/8 0/0 est dû en outre pour toutes certifications de signatures données par les agents de change, lorsqu'elles ne se rapportent directement ni à un achat, ni à une vente.

Droit à 1/10 0/0.

Pour les opérations à terme, sur toutes les valeurs qui sont soumises à la double liquidation.

Minimum du courtage à terme.

Pour les opérations à terme sur les rentes françaises : 20 francs pour 1,500 francs de rente 3 0/0 et 2,250 francs de rente 4 1/2 0/0. — 25 francs par 2,500 de rente 5 0/0 successivement dans la même proportion. — Pour toute valeur négociée à terme, qu'elle se liquide une ou deux fois par mois, le *minimum* de courtage sera de 50 centimes par action ou obligation, et, sur les rentes étrangères, de 25 francs pour la plus petite coupure négociable à terme, et successivement dans la même proportion.

Minimum de chaque négociation.

Pour toute négociation, sur laquelle le courtage serait inférieur à 1 franc, le *minimum* du courtage sera de 1 franc.

Le Syndic,

MOREAU.

CHAPITRE VII

—

VALEURS ÉMISES PAR LE TRÉSOR

205. — En dehors des rentes sur l'État, il existe encore d'autres valeurs émises par le Trésor, et qui, en certains points, leur sont assimilables.

Ces valeurs sont de trois natures :

206. — 1° *Obligations trentenaires*, d'une valeur nominale de 500 francs. — Revenu annuel de 20 francs payable par semestre ; émises par l'État pour le payement des sommes dues à titre de subvention ou de rachat aux Compagnies de chemins de fer et pour l'exécution des grands travaux publics, savoir :

Obligations créées en vertu des lois des 20 juin 1857 et 2 juillet 1861. — Intérêts payables les 20 janvier et 20 juillet. — Tirages annuels de remboursement, le 20 janvier de chaque année.

Obligations créées en vertu de la loi du 29 décembre 1876. — Intérêts payables les 16 juin et 16 décembre. — Tirages annuels de remboursement, les 16 mai et 16 novembre de chaque année.

207. — 2° *Bons du Trésor* émis par l'État pour cinq années, remboursables en 1880, 1881, 1882 et 1883, dont les intérêts sont payables les 1er mars et 1er septembre.

Enfin on peut aussi considérer jusqu'à un certain point comme valeurs du Trésor :

208. — 3° *Bons de liquidation* émis pour le payement des indemnités accordées par l'État à la Ville de Paris et aux départements, pour la réparation des dommages causés par la guerre de 1870-1871 et par l'insurrection de la commune du 18 mars.

La valeur nominale de ces bons est de 500 francs. L'intérêt annuel est de 25 francs, payable en deux semestres les 15 janvier et 15 juillet pour les bons remis aux départements, et les 20 avril et 20 octobre pour les bons remis à la Ville de Paris.

Le remboursement de ces bons de liquidation a lieu par tirages au sort annuels ; la date de ces tirages annuels a été fixée :

Pour les bons des départements, les 15 mai et 15 novembre ;

Pour les bons de la Ville de Paris, les 20 avril et 20 septembre.

Les valeurs du Trésor, créées sous la forme au porteur, conformément aux lois qui en ont autorisé l'émission, peuvent être converties sur la demande des parties en valeurs nominatives.

209. — Cette conversion, comme toutes les autres

opérations auxquelles ces valeurs peuvent donner lieu, est opérée par le caissier central du Trésor.

Le nouveau titre nominatif remis aux parties en échange de leurs titres au porteur, prend ici le nom de certificat nominatif et est assujetti, en cas de transfert on de mutation, aux mêmes règles et aux mêmes formalités que celles qui régissent les rentes sur l'État.

210. — Les valeurs au porteur déposées à la caisse centrale sont conservées dans le portefeuille du Trésor qui en opère la remise aux ayants droit sur la représentation du certificat nominatif qui leur a été délivré. Ce certificat doit être signé par la partie, dont l'identité sera certifiée par un agent de change ou par un notaire dont la signature aura été légalisée par le président du tribunal civil, s'il s'agit d'un notaire d'un département autre que celui de la Seine.

211. — En cas de mutatio n par décès, ou par suite de donation entre vifs ou testamentaire, les pièces à produire devront être déposées au bureau du contrôle des dépenses à la caisse centrale.

Les agents comptables de la Dette inscrite n'ont pas à intervenir dans ces opérations qui sont faites sous la responsabilité du caissier-payeur central du Trésor.

212. — Tout ce que nous avons dit par rapport aux rentes sur l'État est également applicable aux valeurs émises par le Trésor ; les mêmes priviléges, les mêmes immunités leur ont été reconnus, aussi le lecteur doit-il se reporter pour chacune des opérations auxquelles ces valeurs peuvent donner lieu, aux règles et aux for-

malités que nous avons décrites aux chapitres correspondants qui traitent des opérations sur les rentes.

213. — Ici encore les trésoriers généraux et les receveurs des finances, sont tenus de prêter gratuitement
aux intéressés leur entremise, et de recevoir toutes les
valeurs du Trésor déposées à leurs guichets pour être
l'objet d'une opération quelconque. Les titres provenant
de ces opérations doivent être également remis aux
ayants droit par leur entremise.

CHAPITRE VIII.

—

DÉPOT ET GARDE DES TITRES.

214. — Nous venons de faire connaître les facilités offertes au public pour la garde et le dépôt des valeurs au porteur émises par le Trésor.

Les obligations du Trésor, les bons de liquidation des départements et ceux de la Ville de Paris sont, comme nous l'avons dit, reçues gratuitement en dépôt à Paris :

A la caisse centrale du Ministère des finances, bureau du portefeuille, de 10 heures à 3 heures ;

Et dans les départements aux caisses de tous les trésoriers-payeurs généraux et receveurs de finances.

- Les facilités accordées par le Trésor pour la conversion de titres au porteur en titres nominatifs garantissent les rentiers contre les chances et les risques de perte que leur font courir les valeurs au porteur ; mais il arrive fréquemment que les rentiers préfèrent conserver à leur disposition des titres de rente au porteur, dont l'aliénation est plus facile et plus prompte. Dans ce cas, les risques qu'ils courent les portent à déposer ces titres en garde chez des banquiers, ou aux caisses des grands établissements financiers.

215. — Nous croyons être utiles à nos lecteurs en reproduisant *in extenso*, ci-après, le règlement contenant les conditions de dépôt et de garde des valeurs à la Banque de France :

Banque de France. — Dépôt et garde de titres.

Encaissement des coupons des valeurs déposées.

1. La Banque reçoit en garde, moyennant le payement d'un droit annuel, les valeurs de toute nature, françaises et étrangères, au porteur et nominatives, *sans être tenue, en aucun cas, conformément à la loi, des accidents de force majeure*, et en se réservant le droit de faire cesser le dépôt à l'expiration de chaque année de garde ou même plus tôt dans les cas prévus à l'article 5.

Elle encaisse et paye les arrérages de ces valeurs, libère ou échange les titres, sous les réserves ci-après :

2. Elle ne reçoit pas de dépôts en noms collectifs, au nom de successions, de faillites, de femmes mariées étrangères, de Françaises mariées sous le régime dotal ou non séparées de biens, d'interdits, de mineurs, de nu-propriétaires et usufruitiers, servant de nantissement ou de garantie, etc., etc.

3. Elle ne se charge de faire ni souscriptions, ni achats, ni ventes de titres, ni conversion en titres nominatifs ou en titres au porteur.

4. Elle ne vérifie pas si les titres, remboursables avec ou sans prime, sont sortis aux tirages auxquels ils sont soumis, et ne se charge pas d'en effectuer le recouvrement.

5. Au cas de changement d'état civil, de décès, d'apposition sur les récépissés de la cote d'un officier ministériel, de cession des récépissés à des tiers, d'oppositions, enfin dans tous les cas d'un litige ou d'une difficulté quelconques, et en tous états de cause, le contrat de dépôt prend fin et la Banque provoque le retrait ou la consignation judiciaire des titres.

6. Les récépissés de dépôt, purement nominatifs, ne sont cessibles ni par simple tradition ni par endossement : ils sont soumis au timbre de dimension, dont le coût est de 60 centimes. Ils ne peuvent servir plus de dix ans, et doivent être renouvelés dans le cours de la dixième année : ce terme est réduit à cinq années pour les valeurs dont les arrérages se payent quatre fois par an. Les nouveaux récépissés sont remis *au porteur* du reçu que la Banque a délivré en échange des récépissés hors d'usage ; c'est également aux porteurs de ses reçus que la Banque rend les récépissés qu'elle retient pour les opérations mentionnées aux articles 23 à 25.

7. Lorsqu'un dépôt a été fait par une fille majeure, une veuve ou par une femme judiciairement séparée de biens, s'il y a changement dans l'état civil de ces personnes, par suite d'un mariage contracté ou du rétablissement de la communauté, *le mari doit notifier ce changement d'état à la Banque, qui, autrement et dans l'ignorance des faits, devrait rendre les titres aux déposantes indiquées sur le bordereau de dépôt.*

8. Tout dépôt qui n'a pas été retiré le jour même où expire l'année de garde est considéré comme renouvelé, et ce, *aux conditions de la Banque à ce moment.*

Formalités.

9. La Banque *ne correspond pas* avec les déposants; ceux-ci doivent se présenter eux-mêmes ou se faire représenter par des tiers, et ne peuvent envoyer ni recevoir de titres ou de pièces par l'intermédiaire des succursales ou par lettres; tous les renseignements se donnent verbalement. Il n'est pas répondu aux lettres.

10. Les titres présentés au dépôt doivent être accompagnés de bordereaux réguliers, dont les formules imprimées sont tenues à la disposition du public à la Banque centrale et dans ses succursales. Les prénoms doivent être indiqués dans l'ordre de l'acte de naissance, sans en omettre aucun.

11. Les titres de même nature peuvent être divisés en autant de groupes, correspondant à autant de dépôts qu'il convient à leurs propriétaires.

12. Les dépôts peuvent être effectués par des tiers; il sera bon, dans ce cas, que les personnes au nom desquelles ils doivent être opérés, signent leurs bordereaux et indiquent exactement leurs noms et prénoms afin d'éviter plus tard les difficultés et les frais signalés aux articles 15 et 30.

13. Il est délivré aux déposants un reçu provisoire de leurs valeurs, en échange duquel il est remis, quelques jours plus tard, *au porteur*, autant de récépissés définitifs qu'il a été effectué de dépôts.

14. Ce reçu provisoire, dont l'échange ne s'effectue qu'à la Banque centrale, ne peut servir à aucune opération autre que le retrait du récépissé définitif.

15. Les porteurs de reçus provisoires doivent, au moment même où ils reçoivent les récépissés définitifs, vérifier l'exactitude de ceux-ci quant à l'inscription des noms, prénoms, à la désignation des titres et à l'indication de leurs numéros.

Les conséquences des erreurs qu'ils n'auraient pas relevées sont aux risques et dépens des déposants ; ainsi, par exemple, les rectifications de noms et de prénoms se font au moyen d'actes de notoriété donnés en brevet par-devant notaire.

Encaissement des arrérages. — Payement.

16. La Banque encaisse gratuitement, et aux conditions imposées aux porteurs de titres par les payeurs, les arrérages, dividendes et intérêts de valeurs françaises payables à Paris ; elle en remet le montant *au porteur* du récépissé, *à Paris*, le surlendemain du jour où elle l'a reçu, *et dans les succursales*, huit jours après, jours fériés non compris.

19. Quand, par suite des circonstances prévues par le paragraphe 5, la Banque se trouve dans le cas de provoquer le retrait ou la consignation judiciaire des titres, *elle cesse, en attendant, d'en payer les arrérages.*

20. Vingt jours avant leur échéance, les coupons ne sont plus reçus et doivent être détachés des titres que l'on dépose : d'un autre côté, la Banque, afin de pouvoir recevoir en temps utile les arrérages des valeurs déposées dans ses caisses, est obligée de détacher les cou-

pons plusieurs semaines avant leur échéance ; elle donne à leur place aux déposants qui retirent leurs titres *un Bon au porteur,* contre la remise duquel ces arrérages sont payés, là où les dépôts se trouvaient inscrits. Les titres nominatifs, qu'il faut également remettre quelques semaines à l'avance aux Compagnies, sont conservés par celles-ci jusqu'au jour de l'échéance.

21. Les déposants qui veulent toucher leurs arrérages dans une succursale doivent l'indiquer sur leurs bordereaux ; mais ils ne peuvent en recevoir à la fois une partie dans cette succursale et l'autre partie à la Banque centrale, non plus que dans des succursales différentes.

22. Tout déposant qui veut changer le lieu où il touche les arrérages de ses valeurs n'a qu'à le demander soit à la succursale où il veut toucher, soit à la Banque centrale ; mais sa demande doit s'appliquer à tous ses dépôts et être faite vingt jours au moins avant l'échéance des arrérages, qui, autrement, ne lui seraient payés que là où il était inscrit antérieurement. — Les changements périodiques ne sont pas admis.

Libération, échange et timbrage des titres.

23. *Moyennant provision et la commission spécifiée au tarif,* la Banque opère les versements appelés sur les valeurs non libérées, en se réservant *dix* jours à cet effet. Les récépissés de ces valeurs doivent lui être remis directement ; elle refuse ceux qui lui sont envoyés par lettre ; elle n'applique jamais aux versements les

sommes que les déposants peuvent avoir en compte courant dans ses caisses ou celles qui leur sont dues pour arrérages.

24. La Banque se charge de l'échange des titres (*Voir* la commission au tarif), mais *elle ne l'effectue d'office* que pour les titres provisoires ou ceux dont les coupons sont épuisés, à l'exception des titres nominatifs dont le renouvellement exige la production de certificats de vie.

26. Les déposants inscrits dans les succursales peuvent y faire aux mêmes conditions les versements appelés sur valeurs non libérées et y autoriser les échanges de titres.

Retrait des titres.

27. Les demandes de retrait doivent être faites par écrit.

28. En temps ordinaire les titres seront rendus de 9 heures 1/2 du matin à 1 heure de relevée le lendemain même du jour de la demande, si celle-ci est parvenue à la Banque avant 1 heure après midi, ou le surlendemain si elle n'est arrivée qu'après cette heure ; dans le cas où les demandes seraient trop multipliées pour que la restitution des titres pût s'opérer dans les délais ci-dessus, la Banque fixera aux intéressés le jour et l'heure de cette restitution.

29. Quand le bordereau de dépôt a été signé par le titulaire du récépissé, les valeurs sont remises au titulaire lui-même ou au porteur de sa procuration notariée,

ou à un agent de change de Paris, qui certifie dans ce cas la signature pour acquit mise au dos du récépissé.

30. Si le bordereau n'a pas été signé par le titulaire du récépissé, le retrait des titres ne peut s'opérer que sur une procuration ou une décharge notariées. Ces pièces restent à la Banque; elles peuvent être en brevet.

L'identité des mandataires devra être certifiée, à moins qu'ils ne soient connus de la Banque.

31. En cas de changement d'état civil ou de décès, les titres ne peuvent être rendus que contre une décharge en *minute*, qui sera reçue par le notaire de la Banque, aux frais du déposant ou de ses héritiers.

32. Le retrait des titres sortis aux tirages s'effectue sur une formule spéciale et dans les conditions énoncées aux paragraphes 4 et 27 à 31. Les procurations données à cet effet, où ne seraient pas indiqués les *numéros des titres* que l'on veut retirer, ne sont pas admises.

Droit de garde.

33. Le droit de garde se paye pour un an en déposant les titres; *il est dû de nouveau chaque année* à la date correspondant à celle du dépôt, et se perçoit pour la totalité de l'année. Il n'en est pas donné de reçu; son payement est constaté sur les récépissés au moyen d'une estampille.

34. L'année se compte à partir du jour du dépôt. Si les titres n'ont pas été retirés le jour même où expire l'année de garde, le droit est dû de nouveau pour une année.

Le minimum du droit est d'*un franc* par dépôt, non compris le timbre.

TARIF. — VALEURS FRANÇAISES.

Rente consolidée, perpétuelle.

35. *Dix centimes* par *vingt-cinq* francs de rente.
Une fraction de 25 francs donne lieu au même droit que 25 francs.

Obligations du Trésor. — Actions et obligations de toute sorte. — Bons du Trésor, etc.

36. — 20 c. par chaque action,
            obligation ou bon
            d'une valeur nomi-
            nale de.......... 1,250 fr. et au-dessous.
    30c   —   —   1,251   à 2,000
    40c   —   —   2,001   à 3,000
Chaque mille francs élève de dix centimes le droit à payer, toute fraction de 1,000 francs comptant comme 1,000 francs.

CHAPITRE IX.

—

DROIT CIVIL APPLIQUÉ AUX TRANSFERTS ET AUX MUTATIONS DES RENTES SUR L'ÉTAT.

216. — On vient de voir dans les chapitres qui précèdent les formalités exigées par le Trésor pour le transfert et les mutations des rentes sur l'État ; il nous reste maintenant à résumer ici les principales dispositions du Code civil qui régissent la propriété mobilière, en tant qu'elles peuvent être applicables au mode de disposition des rentes sur l'État.

Contrats de mariage.

217. — On peut distinguer cinq régimes ou modes de contrats de mariage ;

1° La communauté légale ;

2° La communauté conventionnelle;

3° Le régime exclusif de la communauté ;

4° La séparation de biens;

5° Le régime dotal.

218. — La communauté est une société de biens entre

époux. Elle est *légale*, quand les époux s'en sont rapportés, pour la régler, aux dispositions tracées par la loi elle-même ; elle est conventionnelle, quand ils ont modifié ces dispositions de la loi par des clauses particulières de leur contrat.

Tous ceux qui ne font pas de contrat de mariage se trouvent, de plein droit, soumis à la communauté légale.

1° *Communauté légale.* — Dans la communauté légale le fonds social comprend en général : 1° en toute propriété, les biens meubles des deux époux ; 2° les revenus seulement de leurs immeubles, lesquels immeubles continuent d'appartenir à chacun d'eux jusqu'à la fin de la communauté, à moins de conventions contraires consenties pendant la durée du mariage ; 3° le produit du travail et de l'industrie des deux époux.

Tout ce qui tombe dans la communauté pendant le mariage, est comme on le voit, mobilier ; mais si avec ces valeurs mobilières, avec les économies faites sur les revenus, ou avec l'argent apporté par les époux ou provenant de leur industrie, il est acquis des immeubles, ces immeubles seront la propriété de la communauté. On appelle ces biens conquêts ou acquêts de communauté, par opposition aux propres de communauté, nom qu'on donne aux biens personnels des époux. (*Art.* 1401 *du Code civil.*)

Réciproquement, la communauté prend à sa charge, d'après l'article 1,409 : 1° comme compensation de la propriété des meubles des époux, les dettes mobilières qui ne sont pas relatives aux immeubles propres ; 2° les intérêts seulement des autres dettes et les réparations à faire aux immeubles propres, en compensation des revenus de ces mêmes immeubles ; 3° enfin par compensation du produit du travail des époux, les dépenses nécessaires pour leur entretien et celui des enfants et pour tous les besoins du ménage.

La communauté, bien entendu, prend en outre à sa charge toutes les dettes, même immobilières, contractées pour son compte par son chef, le mari, ou par la femme agissant comme mandataire de celui-ci.

Le mari est seul administrateur de la communauté ; il en est jusqu'à un certain point considéré comme propriétaire ; tant qu'elle dure, il peut aliéner, dissiper les biens qui la composent. Il a même l'administration, mais l'administration simple, des biens restés propres à la femme.

Régime de la séparation de biens.

219.—Quand les époux se marient séparés de biens, ils restent, quant à leurs biens meubles ou immeubles, étrangers pour ainsi dire l'un à l'autre, puisque chacun conserve l'administration et la jouissance des siens. Seulement chacun contribue aux charges du mariage suivant les conventions arrêtées au contrat : à défaut de conventions spéciales, la femme doit verser pour cet objet le tiers de ses revenus.

Régime exclusif de la communauté.

220. —Dans le régime exclusif de la communauté qui a lieu quand les époux disent qu'ils se marient *sans communauté*, sans ajouter qu'ils adoptent tel ou tel régime particulier, tous les biens de chaque époux lui restent propres : mais le mari a l'administration et la jouissance de tous les biens de sa femme, desquels biens il se trouve en fait l'usufruitier.

Communauté conventionnelle.

221. — On appelle communauté conventionnelle le régime dans lequel les parties stipulent dans leur contrat certaines conditions particulières qui modifient le régime de la communauté légale.

C'est en réalité, un régime indéfini qui peut comporter aussi bien la dotalité des biens.

Régime dotal.

222. —Dans le régime dotal, le mari conserve la jouissance de tous ses biens. Quant à la femme, elle conserve la propriété des siens ; mais pour leur administration et leur jouissance, il y a lieu de distinguer selon la nature de ces biens. Les biens de la femme sont en partie dotaux et en partie paraphernaux, ou tous dotaux ou tous paraphernaux.

Le mari a l'administration et la jouissance de tous les

biens dotaux. La femme garde l'administration et la jouissance de ses biens paraphernaux. On appelle ainsi tous les biens de la femme qui n'ont pas été constitués en dot.

Tout en se soumettant au régime dotal, les époux peuvent convenir qu'il y aura entre eux une société d'acquêts. Ils pourraient aussi combiner de toute autre manière le régime de la communauté et le régime dotal.

Remplois dotaux.

223.—Les sommes dont le placement ou le remploi en immeubles est prescrit ou autorisé par la loi, par un jugement, par un contrat ou par une disposition à titre gratuit entre vifs ou testamentaire, peuvent être employées en rentes sur l'État, à moins de clause contraire.

Dans ce cas, et sur la réquisition des parties, l'immatricule de ces rentes au grand-livre de la dette publique en indique l'affectation spéciale. (*Loi du 2 juillet* 1862, *article* 46.)

Donations entre vifs ou par testament.

224.— La donation entre vifs est un acte par lequel le donateur se dépouille actuellement et irrévocablement de la chose donnée en faveur du donataire qui l'accepte. Néanmoins une libéralité ne cesse pas d'être entre vifs et par suite valable, quoiqu'elle soit stipulée résoluble en cas de survie du donateur et que celui-ci se soit réservé de toucher sa vie durant, les intérêts d'une somme formant l'objet de la libéralité.

La donation d'une certaine somme payable au donataire après le décès du donateur constitue une donation entre vifs, s'il est établi que le donateur a entendu s'obliger actuellement et irrévocablement et créer une créance contre lui, dont l'exigibilité seulement serait reportée après son décès. Au contraire, est nulle comme n'emportant point dessaisissement actuel du donateur, la donation bien que qualifiée entre vifs et stipulée irrévocable, lorsqu'il est dit que le donataire n'entrera en jouissance des objets donnés qu'après le décès du donateur, lequel, jusqu'à cette époque, s'en réserve la propriété et l'usufruit avec interdiction au donataire de faire pendant la vie du donateur aucun acte qui tende à diminuer le droit réservé.

On appelle *donateur* la personne qui donne et *donataire* celle qui reçoit.

Le certificat de propriété nécessaire au transfert d'inscriptions de rentes affectées à une donation doit être délivré par le notaire détenteur de la minute de l'acte de donation.

Reversibilité, donations déguisées.

225. — Il ne peut être mentionné dans les libellés d'inscriptions de rente nominatives aucune clause de reversion de propriété entre mari et femme communs en biens, ni mentions quelconques qui présenteraient comme la précédente un caractère de donations, sauf, toutefois, dans les cas prévus par contrats, donations ou legs.

Ces clauses sont nulles de plein droit, lorsqu'elles

n'ont pas d'autres bases que la déclaration des parties, ainsi qu'il résulte des dispositions de l'article 931 du Code civil portant que tous les actes de donations entre vifs seront, sous peine de nullité, passés devant notaire, en minute dans la forme ordinaire dès contrats.

Héritiers bénéficiaires.

226. — En outre de la faculté laissée par la loi aux héritiers et aux légataires, d'accepter ou de refuser la succession ou les legs qui leur sont échus, la loi a reconnu aux héritiers la faculté d'accepter la succession sous bénéfice de l'inventaire.

Dans ce cas, chacun des héritiers ne peut être tenu vis-à-vis des créanciers de la succession pour une part plus forte que celle dont il a hérité.

Toute rente inscrite au nom d'un héritier bénéficiaire se trouve par cela même frappée d'une clause d'inaliénabilité tacite, jusqu'au moment ou l'héritier aura consenti l'acceptation de la succession.

Il est évident que l'aliénation de ces rentes étant un acte de disposition interdit aux héritiers bénéficiaires, cette aliénation entraînerait par elle-même l'acceptation de la succession à titre définitif, à moins que cette qualité ne lui ait été conservée par un jugement, ce qui arrive pour les mineurs.

Cette clause mentionnée sur les inscriptions de rentes a surtout pour objet de démontrer que l'héritier bénéficiaire n'a pas entendu faire par là un acte de disposition, mais un acte de pure et simple administration.

Les mineurs ne pouvant accepter de succession que sous le bénéfice d'inventaire, toutes les rentes qui pourraient leur être attribuées après partage ou liquidation, doivent mentionner cette clause d'inventaire, jusqu'au moment où la succession aura été acceptée à titre définitif. Cependant il ne faudrait pas conclure de ce qui précède que les héritiers bénéficiaires auraient le droit de conserver les rentes immatriculées en leur nom au détriment des créanciers de la succession. Ils doivent rendre compte de leur valeur, et peuvent en cas de fraude ou de tentative de détournement, être déclarés déchus du bénéfice d'inventaire, et condamnés alors à restituer, non plus seulement sur l'actif de la succession, mais avec leurs biens personnels. (*Arrêts de la cour de Paris*, 1855, 1856.)

Absents.

227.— Lorsqu'une personne aura cessé de paraître au lieu de son domicile ou de sa résidence, et que depuis quatre ans on n'en aura point eu de nouvelles, les parties intéressées pourront se pourvoir devant le tribunal pour que l'absence soit déclarée (115, *Code civil*).

L'absence déclarée, l'administration des biens de l'absent est remise entre les mains des personnes désignées par le tribunal sous le nom d'envoyés en possession provisoire.

Les envoyés en possession provisoire des biens d'un absent ne peuvent, pendant l'absence, aliéner aucune rente, même inférieure à 50 francs, sans y être autorisés par justice. Il est justifié de cette autorisation pour le transfert des inscriptions de rentes à aliéner, par la production d'une expédition dûment légalisée du jugement rendu sur requête, en la forme ordinaire, en chambre du conseil.

Trente ans après l'envoi en possession provisoire, lorsque l'absent n'aura pas donné de ses nouvelles, et que sa mort n'aura pas pu être prouvée, le tribunal devra statuer de nouveau, pour prononcer le caractère définitif de la possession qui jusque-là n'avait été que provisoire.

Les envoyés en possession définitive ont, à partir de cet envoi, la libre disposition des biens de l'absent, sauf le recours, que celui-ci pourrait avoir contre eux pour le remboursement du capital, s'il venait à reparaître.

Usufruit (*Rentes grevées*).

228.—L'usufruit peut être établi au profit d'une seule personne ou de plusieurs personnes conjointement et successivement.

Si l'usufruit est conjoint, la part de celui qui décède accroît d'autant la part du ou des survivants.

Si l'usufruit est successif, le second usufruitier n'a la jouissance des titres qu'après le décès du premier usufruitier.

L'usufruit peut être à vie ou à temps, ou bien encore soumis à l'accomplissement de certains événements tels que la majorité ou le mariage.

On peut stipuler également que l'usufruit sera incessible et insaisissable.

Si l'usufruit devait cesser par un événement prévu, cet événement devra être mentionné dans le libellé de la rente à inscrire, mais c'est au propriétaire à veiller à l'exercice de ses droits au cas de cessation dudit usufruit.

Les inscriptions de rentes immatriculées au nom d'une personne pour l'usufruit, et d'une autre personne pour la nue propriété, ne peuvent être transférées par le nu-propriétaire, sans le concours de l'usufruitier, qu'en justifiant de l'extinction des droits de ce dernier. En cas de décès, la production de l'acte dûment légalisé serait suffisante pour obtenir le transfert. Mais l'usufruitier aussi bien que le nu propriétaire peut céder séparément les droits qui lui appartient.

Cette vente ne peut pas avoir lieu par voie de négociation, les droits partiels sur une inscription de rente n'étant pas cotés à la Bourse.

Elle peut être faite par-devant notaires, et le transfert est opéré sur la production d'un certificat de propriété, délivré par le notaire détenteur de la minute de l'acte authentique contenant la cession. Ce mode de procéder a été ainsi réglé à l'égard des nu-propriétaires de rentes sur l'État par un décret du 14 ventôse an III, dont les dispositions sont encore applicables. (*Buchère*, 169.)

Substitutions (*Rentes grevées*).

220. — La substitution est la donation ou le legs

fait à quelqu'un d'une chose qu'il est tenu de conserver jusqu'à son décès et de rendre à cette époque à un tiers.

La loi du 7 mai 1849 a prohibé en général toute substitution, et elle considère comme nulle toute disposition par laquelle le donataire, l'héritier institué ou légataire est chargé de conserver et de rendre à un tiers l'objet de la donation ou du legs. Elle a maintenu cependant l'exception établie en faveur des biens dont les pères et mères ont la faculté de disposer. Ces biens peuvent être donnés par eux en tout ou en partie à un ou plusieurs de leurs enfants par actes entre vifs ou testamentaires, avec la charge de rendre ces biens aux enfants nés ou à naître, au premier degré seulement desdits donataires. (*Art.* 1048, *Code civil.*)

Est encore valable, au cas de mort sans enfants, la disposition que le défunt a faite par acte entre vifs ou testamentaire, au profit d'un ou de plusieurs de ses frères et sœurs, de tout ou partie de ses biens qui ne sont point soumis à la réserve légale dans sa succession, avec la charge de rendre ces biens aux enfants nés ou à naître au premier degré seulement desdits frères et sœurs donataires (*art.* 1049).

Les dispositions permises par les deux articles précédents ne sont valables qu'autant que la charge de restitution est au profit de tous les enfants nés ou à naître du grevé sans exception ni préférence d'âge ou de sexe (*art.* 1050).

Droit de retour.

230. — L'article 951 du Code civil accorde au donateur le droit de stipuler que les objets et les biens donnés lui seront rendus soit pour le cas où le donataire seul vient à mourir avant lui, soit pour le cas du prédécès du donataire et de ses descendants. Ce droit de retour ne peut être stipulé qu'au profit du donateur seul.

La stipulation du droit de retour insérée dans une donation entre vifs, au profit d'un tiers, sans que le donataire ait stipulé le retour pour lui-même, est une substitution prohibée.

Il en est de même, lorsque le donateur a stipulé le droit de retour au profit de ses héritiers, sans le stipuler pour lui-même.

CHAPITRE X.

LIBELLÉS.

231. — Les libellés à formuler, lorsqu'il s'agit de convertir des titres au porteur en inscriptions nominatives se divisent, comme nous l'avons déjà dit, lorsque nous nous sommes occupés de l'immatriculation des rentes, en libellés simples et en libellés contentieux.

Le libellé simple est celui qui s'applique aux personnes disposant librement de leurs biens en raison de leur majorité ou de leur qualité civile.

Les libellés sont contentieux lorsqu'ils s'appliquent à des personnes ne disposant pas librement de leurs biens, telles que les femmes mariées, les mineurs, les interdits et tous les incapables.

La rédaction de ces libellés variant à l'infini, nous nous contenterons de reproduire ici les modèles s'appliquant aux cas contentieux qui se présentent le plus fréquemment dans la pratique.

Veuve.

Marie Dumont, veuve de Alphonse Rousseau.

Marie Dumont, veuve en premières noces de Alphonse Rousseau et en secondes noces de Pierre Lacroix.

Femme mariée sous le régime de la communauté.

Félicie Barbier, femme de Louis-Albert Rousseau.

Communauté avec remploi.

Désirée Robert, femme de Jean Alphonse Debray avec lequel elle est mariée sous le régime de la communauté, suivant contrat reçu par Mᵉ X..., le 1ᵉʳ mars 1877 ; néanmoins la présente inscription n'est aliénable qu'aux *conditions d'emploi* énoncées audit contrat.

Communauté avec rente frappée de dotalité.

Lucie Barbier, femme de Jean Rousseau, mariée sous le régime de la communauté, suivant contrat reçu par Mᵉ X..., notaire à Meaux, le 1ᵉʳ mars 1877 ; néanmoins la présente inscription provenant de partie de valeurs énoncées en un acte reçu par Mᵉ X..., notaire, le 28 mai 1877, est frappée de dotalité et n'est aliénable qu'aux conditions de remploi énoncées audit acte.

Femme séparée de biens.

Martin (Julie), femme séparée de biens de Bertrand Emile, suivant son contrat de mariage passé devant Mᵉ X..., notaire à Beauvais, le 1ᵉʳ mars 1877.

Femme séparée de biens avec clause restrictive.

Camille Barbier, femme Lemire (Alfred), avec lequel elle est mariée sous le régime de la séparation de biens, suivant contrat reçu par Me X..., notaire à Rouen, le 1er mars 1877 ; néanmoins la présente inscription ne pourra être aliénée que conformément aux prescriptions dudit contrat.

Femme séparée contractuellement de biens, avec remploi.

Marchand (Julie), femme de Martin (Alexandre), avec lequel elle est mariée sous le régime de la séparation de biens aux termes de son contrat de mariage reçu par Me X..., notaire à Cherbourg, le 1er mars 1877. La présente ne sera aliénable qu'à charge de remploi conformément audit contrat.

Femme séparée de corps et de biens.

Gérard Louise, femme séparée de corps et de biens de Jules Dubochet, suivant jugement du tribunal de Versailles du 22 mars 1875.

Femme séparée de corps et de biens, avec conseil judiciaire.

Durand (Marie), femme de Pierre Rousseau, mariée sous le régime dotal, suivant son contrat de mariage reçu par

Me X..., notaire à Paris le 1er mars 1877. Ladite dame séparée de corps et de biens d'avec son mari par jugement du tribunal civil de Rambouillet, du 1er février 1868, ayant pour conseil judiciaire Eugène Bertrand. La présente rente acquise en exécution dudit jugement ne sera aliénable qu'en se conformant aux prescriptions du contrat de mariage de ladite dame et avec l'autorisation de son mari et de son conseil judiciaire.

Femme dotale.

Marie-Noémie de Turenne, femme de Amédée, marquis de Las Marimas, mariée sous le régime dotal, suivant contrat passé devant Me X..., notaire à Dijon, le 1er novembre 1877.

Madeleine Boulanger, épouse de Edmond Roger, mariée sous le régime dotal, aux termes de son contrat de mariage passé devant Me X..., notaire à Paris, le 1er mars 1877.

Madeleine Boulanger, *femme mineure* de Edmond Roger, mariée sous le régime dotal, aux termes de son contrat de mariage reçu par M^o X..., notaire à Paris, le 1er mai 1877.

La présente rente formant emploi de fonds compris dans l'apport en mariage de Mme Roger, n'est aliénable qu'aux conditions de remploi stipulées audit contrat.

Femme dotale avec rente affranchie de la dotalité.

Rosalie Vincent, femme de Claude Dumont, avec lequel elle est mariée sous le régime dotal, aux termes de son contrat de mariage reçu par Me X..., notaire à Pau, le 1er mai 1877 ; néanmoins la présente rente faisant partie de la constitution de dot faite à madame Dumont par M Vincent son père, est affranchie de la dotalité et est aliénable sans obligation d'emploi.

Rentes dotales.

Rousseau (Marie), épouse de Arthur-Louis Barbier, avec lequel elle est mariée sous le régime dotal, suivant contrat reçu par Me X..., notaire à Versailles, le 1er mars 1877. La présente inscription formant emploi de fonds dotaux, constaté suivant acte devant Me X..., notaire à Paris, le 1er octobre 1877, ne sera aliénable qu'à charge de remploi, conformément audit contrat.

Constitution de dot.

Bertrand (Louise), femme de Jean-Désiré Martin, mariée sous le régime dotal, aux termes de son contrat de mariage reçu par Me X..., notaire à Paris, le 1er mars 1877. La présente rente comprise dans la constitution de dot de Mme Martin n'est aliénable qu'aux conditions de remploi stipulées audit contrat de mariage.

Rente paraphernale.

Marie Durand, femme de Jean Martin, mariée sous le régime dotal, suivant contrat passé devant Me X..., notaire à Paris, le 1er mai 1877. La présente rente paraphernale.

Rente incessible et insaisissable pendant la vie du titulaire.

Rosalie Martin, femme de Louis Texier, ladite rente *incessible et insaisissable* pendant la vie de la titulaire, conformément au testament de madame veuve Martin, reçu par Me X..., notaire à Sceaux, le 1er mai 1877.

Envoyé en possession provisoire.

Garnier (Ernest), envoyé en possession provisoire des biens de Garnier (Jules), déclaré absent, aux termes d'un jugement rendu par la Chambre du conseil du tribunal civil de la Seine, en date du 10 mai 1877.

Droit de retour.

Martin (Jules), sauf le droit de retour au profit de Martin (Louis), son père, conformément à un acte de donation entre vifs à titre de partage anticipé reçu par Me X..., notaire à Bièvres, le 1er mai 1877.

Dumont (Julie), femme de Jean Bertrand avec lequel

elle est mariée sous le régime dotal, suivant contrat passé devant M⁰ X..., notaire à Paris, le 1ᵉʳ mai 1877. La présente inscription *constituée en dot* à madame Bertrand par M. Dumont ne sera aliénable qu'aux *conditions de remploi* stipulées audit contrat, et est frappée d'un *droit de* retour au profit de M. Dumont, donateur, aux termes dudit contrat.

Nantissement.

Jean-Alexandre Dubois ; la présente inscription est affectée en nantissement au profit de Léon Bertrand, conformément à un acte passé devant M⁰ A..., notaire à Paris, le 29 décembre 1876.

Barbier (Achille) ; la présente inscription grevée de nantissement au profit de Armand Renaud, en garantie d'un bail par lui consenti, conformément à un acte reçu par M⁰ X..., notaire à Paris, le 1ᵉʳ mars 1877.

Nue propriété libre.

Paul Rousseau pour l'usufruit, la nue propriété à Jean Dumont.

Nue propriété conditionnelle.

Paul Rousseau pour l'usufruit libre, la nue propriété à Jean Dumont. La présente inscription en ce qui concerne Jean Dumont ne sera aliénable que lorsqu'il aura atteint sa 25ᵉ année, ou lors de son mariage s'il a lieu

avant cette époque, le tout conformement au testament
de M. Pierre Dumont reçu par M⁰ X..., notaire à Meaux
le 12 mai 1877.

Usufruit et mineure.

Desprez (Marie), fille majeure pour l'usufruit; la nue
propriété à Louise-Mélanie Dubois, mineure sous l'administration légale de son père Jean-Marie Dubois.

Rentes grevées de restitution.

Leblanc (Jules), à charge de conserver et de rendre à
ses enfants nés et à naître, en vertu d'un testament reçu
par M⁰ X..., notaire à Paris, le 1ᵉʳ mars 1877. M. Léon
Leblanc, tuteur à la restitution.

Barbier (Auguste), grevé de restitution au profit de ses
enfants nés et à naître, conformément à une donation à
titre de partage anticipé reçue par M⁰ X..., notaire à
Paris, le 1ᵉʳ mars 1876. Georges Barbier tuteur à la restitution. La présente inscription formant emploi de partie
de prix d'immeubles vendus suivant acte devant M⁰ X...,
notaire à Rouen, le 1ᵉʳ juin 1876, touché suivant quittance
passée devant ledit notaire, le 24 août 1877.

Bureaux de bienfaisance.

Sceaux (Le bureau de bienfaisance). Donation de

M. Auguste Barbier suivant acte reçu par M⁰ X..., notaire à Paris, le 1ᵉʳ mars 1877, pour les arrérages être affectés au soulagement des pauvres. — Arrêté préfectoral du 10 août 1877.

Commune.

Batignolles (Commune de). Legs Sabatier, aux charges et conditions énoncées dans l'arrêté préfectoral du 7 juillet 1877.

Douai (les hospices de).

Fabriques.

Batignolles (la fabrique de l'église de). Donation Bertin, suivant acte reçu par M⁰ X..., notaire à Paris, le 1ᵉʳ mai 1877. — Arrêté préfectoral du 25 août 1877.

Paris (la fabrique de l'église de Notre-Dame de), à charge de services religieux. — Legs Bertin. — Arrêté préfectoral du 10 mai 1877.

Paris (la fabrique de l'église de Notre-Dame de), à charge de services religieux. — Legs Prétet. — Décret du 7 mai 1877.

Mineur et cotuteur.

Barbier (Eugène), mineur sous la tutelle légale de Jeanne Bertrand, veuve de Ernest Barbier, sa mère, épouse en secondes noces de M. Léon Meunier, cotuteur.

Mineur ; tutelle légale.

Pierre-Jean Dubois, mineur sous la tutelle légale de son père.

Pierre-Jean Dubois, mineur sous la tutelle légale de sa mère, Marie Bertrand, veuve de Jean-Louis Dubois.

Jean Dumont, Marie Dumont, tous deux mineurs sous l'administration légale de leur père, conjointement et indivisément.

Jean Dumont, Marie Dumont et Pierre Dumont, tous trois mineurs sous la tutelle légale de leur père, chacun pour un tiers.

Tutelle dative.

Marguerite Martin, Paul Martin, Léonie Martin, Elise Martin et Gabriel Martin, tous cinq mineurs sous la tutelle dative de M. Aubert Masson.

Mineurs émancipés.

Alice Fontaine, mineure émancipée sous la curatelle de Georges Fontaine.

Mineur héritier sous bénéfice d'inventaire.

Barbier (Auguste), mineur sous la tutelle de Virginie Dubois, veuve de Jacques Barbier, sa mère, héritier bénéficiaire de Jacques Barbier, son père.

Mineur, Rente provenant de remploi.

Prévost (Ernest), mineur sous la tutelle de Prévost

(Louis), son père. La présente inscription acquise en exécution d'un jugement du tribunal civil de Chartres en date du 1er mars 1877, et formant remploi de prix d'immeubles, suivant quittance reçue par Me X..., notaire à Paris, le 10 mai 1877, ne pourra être aliénée avant la majorité du titulaire, conformément audit jugement.

Interdits.

Achte (Léon-Louis), interdit sous la tutelle de Laurent Emile Achte.

Demorgny (Estelle-Virginie), fille majeure interdite sous la tutelle de Pierre-Adolphe Mignot, nommé à cette fonction par délibération du conseil de famille de ladite demoiselle du 26 mars 1868.

Usufruit et mineur.

L'usufruit à Pierre Senès; la nue propriété à 1° Alexandrine et 2° Juliette, toutes deux sans autre dénomination, mineures sous la tutelle de (indiquer la tutelle) chacune par moitié.

Usufruit, sa vie durant, à moins de convol.

Dumont (Julie), veuve de Louis Bertrand, pour l'usufruit sa vie durant, ou jusqu'à son convol en secondes noces seulement, la nue propriété à M. Désiré Martin.

Usufruit ordinaire, la nue propriété appartenant pour moitié à une femme dotale et pour l'autre moitié à une femme commune en biens.

Rosalie Vincent, fille majeure pour l'usufruit, la nue

propriété à 1° Julia Durand, femme de Nicolas Bertrand, et 2° Elisa Durand, femme de Henri Garnier, mariée sous le régime dotal, suivant contrat passé devant M° X..., notaire à Paris, le 1er juin 1877; chacune pour moitié.

Usufruit à temps.

Georges Martin, pour l'usufruit jusqu'à l'époque indiquée au testament de M. Deplanel, reçu par M° X... notaire à Rennes, le 1er juin 1877; la nue propriété à Simon Lévy.

Dumont (Louise), fille majeure, pour l'usufruit viager, mais seulement jusqu'au 26 août 1890, ledit usufruit incessible et insaisissable. La nue propriété à Eugénie Dumont, mineure sous la tutelle de ladite demoiselle Dumont, Louise, sa mère. La présente inscription en ce qui concerne la mineure ne sera aliénable qu'à l'époque de sa majorité; le tout conformément au testament de M. Gérard déposé chez M° X..., notaire à Bordeaux, le 1er juin 1877.

Usufruit reversible sur le survivant.

Garnier (Louise) et Clémentine Garnier, filles majeures, pour l'usufruit indivisément; ledit usufruit reversible en entier sur la tête de la survivante et à son profit; la nue propriété à Claude Dubois.

Usufruit reversible.

Dubois (Léonie), femme de Durand (Léon), pour l'usufruit; après elle Dubois (Charles), aussi pour l'usufruit, la nue propriété à Martin (Jean-Stanislas).

Usufruit successif réduit.

Martin (Antoine-Jean), pour l'usufruit, après lui Marie Durand, femme de Garnier (Louis), aussi pour l'usufruit, mais jusqu'à concurrence de moitié seulement; la nue propriété à Albert Desjardins.

Usufruit inaliénable à titre de pension alimentaire; la nue propriété restant libre.

Léon Durand, pour l'usufruit incessible et inaliénable à titre de pension alimentaire, conformément au testament de M. Durand (Nicolas), reçu par M° X..., notaire à Paris, le 1er juin 1877; la nue propriété à Léon Durand.

Usufruit et nue propriété indivise.

Charles Bocage, pour l'usufruit; la nue propriété indivisément à :
1° Jean-Marie Gérard;
2° Pierre-Léon Gérard.

Usufruit aux époux reversible sur le survivant et inaliénabilité de la nue propriété.

Dumont (Charles) et Georgette-Louise Martin, sa femme, pour l'usufruit reversible en totalité au profit et sur la tête d'un survivant d'eux, conformément à un acte de donation reçu par M° X..., notaire à Paris, le 1er juin 1877; la nue propriété à Nicolas Gérard. La présente rente tant pour l'usufruit que pour la nue

propriété ne pourra être aliénée pendant la vie de
M. et Mme Dumont, que dans les termes et conditions
résultant de l'acte de donation susénoncé.

Sociétés.

Raison sociale Chevillotte frères.

Paris (la chambre syndicale de la compagnie des agents
de change de) avec pouvoir de transférer par deux
membres de ladite chambre.

CHAPITRE XI.

—

RÉPERTOIRE CHRONOLOGIQUE
DES DÉCRETS, LOIS, ORDONNANCES, ARRÊTÉS, ETC.,
CONCERNANT LES RENTES SUR L'ÉTAT.

Loi organique de la Dette publique du 24 août 1793.

(Extraits.)

Art. 1er. Toute la Dette publique non viagère sera enregistrée, par ordre alphabétique des noms des créanciers, sur un grand-livre en un ou plusieurs volumes, dont le modèle est annexé au présent décret.

Art. 6. Le grand-livre de la Dette publique sera le titre unique et fondamental de tous les créanciers de la République.

Art. 20. Les rentes et intérêts appartenant à des femmes mariées seront portés au crédit de leur compte et sous leurs noms, quoique les maris en reçoivent le montant.

Art. 21. Les rentes et intérêts grevés d'usufruit ou délégations seront employés sur le grand-livre de la

Dette publique au crédit de l'usufruitier ou du délégataire avec indication du nom du propriétaire qui, seul, pourra disposer de la propriété; et lorsque l'usufruit ou délégation sera terminé, le propriétaire, en en justifiant, en sera crédité ainsi qu'il est exprimé pour les mutations. Jusqu'à cette justification, l'usufruitier ou délégataire sera seul employé sur les états des payements annuels.

Art. 22. Les rentes et intérêts appartenant en commun à divers particuliers seront employés en un seul et même article, sous le nom de l'un d'eux, avec indication des copropriétaires qui pourront, s'ils le jugent à propos, faire transporter sur leur compte particulier la portion de leur propriété, en en justifiant au liquidateur de la trésorerie nationale, pourvu toutefois que la division ne la réduise pas au-dessous de 50 livres.

Art. 23. — Les rentes et intérêts au profit des pauvres, hôpitaux et autres établissements qui, d'après les décrets, conservent l'administration provisoire de leurs biens et la perception de leurs rentes et revenus, seront inscrits sur le grand-livre de la Dette publique, à la lettre et sous le nom de la ville où sont situés les établissements, mais en autant d'articles qu'il y aura d'établissements différents.

Art. 131. Les créanciers qui voudront recevoir leurs payements annuels dans un chef-lieu de district, seront tenus de faire parvenir à la Trésorerie, du 1er juillet au 30 septembre, leur déclaration signée par eux reçue par leur municipalité, visée par le directoire de district, suivant le modèle annexé au présent décret, contenant leur nom de famille et prénoms, le numéro de leur compte sur le grand-livre de la Dette publique, le montant de leur payement annuel et l'indication du chef-lieu de district où ils entendent être payés.

Art. 161. A l'avenir, on pourra disposer de tous les objets compris dans le grand-livre de la Dette publique comme des créances mobilières, sauf contre les seuls propriétaires actuels ou leur succession, l'exercice de toutes actions, emplois et recours comme par le passé.

Art. 162. Les créanciers non grevés d'oppositions qui voudront disposer, vendre ou aliéner, n'auront d'autres formalités à remplir que de faire leur déclaration suivant le modèle annexé au présent décret, devant un juge de paix ou un notaire, qu'ils entendent qu'un tel soit inscrit en leur lieu et place, pour la totalité ou partie de la dette publique dont ils sont propriétaires sur le grand-livre.

Art. 163. Si le créancier est une femme mariée, la déclaration sera faite conjointement par elle et son mari.

Art. 165. Tous les transferts et mutations seront justifiés au liquidateur de la Trésorerie nationale, qui, après la vérification de la déclaration enregistrée et l'extrait d'inscription du ci-devant propriétaire, délivrera un certificat de propriété, d'après lequel le payeur principal de la Dette publique fera créditer le nouveau propriétaire et débiter l'ancien de la totalité ou de partie des objets cédés.

Art. 166. Il sera fait mention, au compte de l'ancien propriétaire et à celui du nouveau qui le représentera, des rappels des numéros et folios nécessaires pour indiquer la suite des mutations, et remonter depuis le propriétaire jouissant jusqu'au propriétaire primitif.

Art. 168. — Il sera délivré au nouveau propriétaire un extrait de son inscription sur le grand-livre de la Dette publique, et si le cédant n'avait disposé que d'une partie de sa propriété, il lui sera également remis un nouvel extrait de son inscription pour la partie dont il restera propriétaire.

Art. 169. Les jugements translatifs de propriété seront justifiés au liquidateur de la Trésorerie ; ils porteront les noms et prénoms du ci-devant propriétaire, ainsi que de celui ou ceux au profit desquels le jugement sera rendu.

Art. 172. Lors des mutations par décès, les héritiers, légataires et autres ayants droit, fourniront au liquidateur de la Trésorerie nationale les pièces nécessaires pour constater leurs droits et qualités ; et, après cette justification, le liquidateur leur délivrera un certificat de propriété, à la présentation duquel le payeur principal de la Dette publique les fera créditer, ainsi qu'il est mentionné pour les mutations.

Décret du 18 fructidor an II.

Mutations.

.....Les mutations par décès, donations ou legs, des inscriptions au grand-livre, sont assujetties au droit principal d'enregistrement, sur le pied réglé par les 4ᵉ, 5ᵉ, 6ᵉ, 7ᵉ et 8ᵉ sections de la 1ʳᵉ classe du tarif annexé à loi du 19 décembre 1790 (1).

Décret du 14 ventôse an III (4 mars 1795).

Nues propriétés.

Art. 6. Les créanciers de la nue propriété des inscriptions sur le grand-livre, ne pourront pas réclamer des extraits de leur inscription, leurs droits étant suffisamment établis et garantis par la mention faite sur le grand-livre (2), mais lorsqu'ils voudront disposer de cette nue propriété, ils en feront la déclaration devant un juge de paix ou un notaire. Cette déclaration sera signifiée au conservateur des oppositions, visée par le liquidateur de la trésorerie, et portée par le directeur du grand-livre sur le livre particulier qui sera destiné pour le transfert des nues propriétés. — Cependant la Trésorerie nationale délivrera aux nu-propriétaires qui le demanderont, un titre pour prouver leurs droits à la nue propriété, d'après le mode qui sera déterminé par le comité des finances.

---

(1) Le principe de cette disposition, abrogée par les lois des 14 thermidor an IV, 3 vendémiaire an VI et 22 frimaire an VII, a été rétabli par la loi de finances du 15 mai 1850.

(2) Si l'usufruit devait cesser par un événement prévu, le certificat de propriété devrait sans doute mentionner la condition, et l'immatricule la reproduirait, mais ce serait au nu-propriétaire à veiller à l'exercice de son droit au cas de cessation dudit usufruit.

Arrêté du 20 nivôse an IV (janvier 1796).

Agents de change.

Art. 5. Les négociations faites à la Bourse de Paris ne se feront que par l'intermédiaire des agents de change.

Loi du 14 thermidor an IV, relative à la perception des droits d'enregistrement.

.....Art. 6. Les constitutions, cessions ou transports de rentes perpétuelles ou viagères, etc., les transferts des inscriptions sur le grand-livre, seront assujettis à un droit de 2 0/0 (1). (Abrogée.)

Loi du 9 vendémiaire an VI (30 septembre 1797).

Art. 98. Chaque inscription au grand-livre de la Dette publique, tant perpétuelle que viagère, liquidée ou à liquider, *sera remboursée pour les deux tiers*, de la manière établie ci-après : *l'autre tiers sera conservé en inscription au grand-livre*, et payée sur ce pied à partir du deuxième semestre de l'an V.

Immunité d'impôts. — Le tiers de la Dette publique, conservé en inscription, est déclaré exempt de toute retenue présente ou future.

---

(1) La loi du 22 frimaire an VII, supprime toute espèce de droit sur les mutations de rentes, et est encore en vigueur, sauf ce qui a été statué par la loi du 15 juin 1850, rapportée à sa date.

Loi du 27 brumaire an VI (octobre 1797).

Payement des arrérages des rentes et pensions.
(Extrait.)

Art. 1er. La suspension résultant de la loi du 29 messidor an IV, pour le payement des arrérages des rentes et pensions et des intérêts est levée.

Art. 2. — Les intérêts et arrérages des rentes perpétuelles et viagères et des pensions, quelle que soit leur origine, qui ont couru depuis le 1er juillet 1790 jusqu'au 1er janvier 1791, ou jusqu'à l'introduction du papier-monnaie dans les pays énoncés dans l'article 3 de la loi sur les transactions antérieures à sa dépréciation, et qui pourraient être encore dus, seront acquittés en numéraire métallique, sans réduction. (Voir *la loi du 22 floréal an* VII.)

Loi du 8 nivôse an VI (28 décembre 1797).

Inscription au grand-livre. — Oppositions.

Art. 1er. Il sera formé un nouveau grand-livre du tiers consolidé des parties de la Dette précédemment inscrites ou liquidées et des parties comprises aux états de la Dette constituée à liquider, qui devront être inscrites sur le grand-livre en vertu de la présente loi.

Art. 2. Les parties comprises dans l'état de liquidation de la Dette constituée, seront inscrites au nouveau grand-livre pour le tiers du montant en rente, calculé sur le pied du denier vingt de la liquidation totale.

Art. 3. Il ne sera pas fait mention d'inscription de sommes procédant du tiers consolidé inscrit ou à inscrire au-dessous de 50 francs de rente : il sera fait une loi particulière sur les portions de rentes inférieures à cette somme.

Oppositions. — Art. 4. Il ne sera plus reçu à l'avenir d'oppositions sur le tiers consolidé de la Dette publique inscrite ou à inscrire. (Voir *la loi du 22 floréal an VII, art. 7, et la lettre adressée par le Ministre des finances aux agents de change de Paris le 27 juin 1829.*)

Loi du 22 floréal an VII (11 mai 1799).

Payement des arrérages. — ... Art. 5. Les arrérages dus pour rentes perpétuelles seront payés *au porteur* de l'extrait d'inscription au grand-livre sur la représentation qu'il en fera.

Oppositions. — ... Art. 7. Il ne sera plus reçu à l'avenir d'oppositions au payement des arrérages de rentes, à l'exception de celle qui serait formée par le propriétaire de l'inscription ou du brevet de pension (1).

______

(1) Par exemple, dans le cas de perte ou de vol de l'extrait.

Loi du 28 floréal an VII (17 mai 1799).

Mutations. — Certificats de propriété. — Art. 6. En cas de mutation, le nouvel extrait d'inscription sera délivré à l'ayant droit, sur le simple rapport de l'ancien extrait d'inscription et d'un certificat de propriété ou acte de notoriété contenant ses noms, prénoms et domicile, la qualité en laquelle il procède, l'indication de sa portion dans la rente et l'époque de sa jouissance.

Le certificat qui sera rapporté, après avoir été dûment légalisé, sera délivré par le notaire détenteur de la minute, lorsqu'il y aura eu inventaire ou partage par acte public, ou transmission gratuite à titre entre vifs, ou par testament ; il le sera par le juge de paix du domicile du décédé, sur l'attestation de deux citoyens, lorsqu'il n'existera aucun desdits actes en forme authentique.

Si la mutation s'est opérée par jugement, le greffier dépositaire de la minute délivrera le certificat.

Quant aux successions ouvertes à l'étranger, les certificats délivrés par les magistrats autorisés par les lois du pays seront admis lorsqu'ils seront rapportés, dûment légalisés, par l'agent de la République française.

Les certificats fournis en exécution de l'article précédent opéreront la décharge de la Trésorerie nationale, et seront admis dans les jugements de ses comptes par la comptabilité nationale.

Loi du 22 frimaire an VII (12 décembre 1799).

Enregistrement. — Art. 70, § 3. Sont exempts de la formalité de l'enregistrement (Voir *la loi du 18 juillet 1836, laquelle apporte une exception notable à ce principe*), les inscriptions sur le grand-livre de la Dette publique, leurs transferts et mutations, les quittances des intérêts qui en sont payés et tous les effets de la Dette publique inscrits ou à inscrire définitivement.

Arrêté du 27 prairial an X (16 juin 1802).

Intervention obligée des agents de change. — Art. 15. A compter de la publication du présent arrêté, les transferts d'inscription sur le grand-livre de la Dette publique seront faits au Trésor public, en présence d'un agent de change de la Bourse de Paris, qui *certifiera* l'identité du propriétaire, la vérité de la signature et des pièces produites.

Art. 16. Cet agent de change sera, par le seul effet de sa certification, responsable de la validité desdits transferts, en ce qui concerne l'identité du propriétaire, la vérité de la signature et des pièces produites ; cette garantie ne pourra avoir lieu que *pendant cinq années*, à partir de la déclaration du transfert.

Loi du 25 ventôse an XI (16 mars 1803).

Légalisation. — Les mandats ou procurations

donnés par actes notariés doivent être revêtus du sceau du notaire ; mais lorsqu'ils servent hors du ressort du tribunal d'appel ou du département, ils doivent être légalisés dans la forme voulue par l'article 28 de ladite loi. (Voir *la loi du 1er mars* 1861.)

Arrêté du 27 frimaire an XI (18 décembre 1802).

Rectifications d'erreurs sur le grand-livre de la Dette publique. — Art. 1er. Les erreurs qui auraient pu être commises sur le grand-livre de la dette perpétuelle ou sur celui de la dette viagère, quant aux noms, prénoms et dates de naissance des créanciers de l'État, et ce d'après les titres qui auraient servi à leur inscription sur lesdits grands-livres, ne pourront être rectifiées qu'en vertu des arrêtés des consuls, rendus sur le rapport du Ministre du Trésor public, le Conseil d'État entendu.

Art. 3. Les formalités prescrites par la loi du 8 fructidor an V pour obtenir les rectifications d'erreurs sur le grand-livre de la Dette publique, et qui ne sont pas contraires aux dispositions des articles précédents, continueront d'avoir leur exécution et seront communes aux rentes perpétuelles et viagères.

Décret du 3 messidor an XII (22 juin 1804).

Titres perdus. — Art. 1er. A l'avenir, il ne sera plus délivré de duplicata des extraits d'inscription aux grands-livres du 5 0/0 consolidé et de la rente viagère.

Art. 2. Les rentiers qui auraient perdu leurs extraits d'inscription en feront la déclaration devant le maire de la commune de leur domicile.

Cette déclaration, faite en présence de deux témoins qui constateront l'individualité du déclarant, sera assujettie au droit fixe d'enregistrement de 1 franc.

Art. 3. Ladite déclaration sera rapportée au Trésor public. Après en avoir fait constater la régularité, le ministre du Trésor public autorisera le directeur du grand-livre à débiter le compte de l'inscription perdue et à la porter à compte nouveau par un transfert de forme; il sera remis au réclamant un extrait original de l'inscription de ce nouveau compte.

Art. 4. Le transfert de forme autorisé par l'article précédent aura lieu dans le semestre qui suivra celui pendant lequel la demande d'un nouvel extrait d'inscription aura été adressée au ministre du Trésor public.

Loi du 21 frimaire an XIII (11 décembre 1804).

Qualifications. — Article 1er. Les membres de la famille impériale, les grands dignitaires, les grands officiers de l'empire, et généralement tous les individus remplissant des fonctions publiques qui, d'après les constitutions de l'empire, sont inamovibles, pourront exiger que leurs titres et qualités constitutionnels soient énoncés sur les extraits ou certificats de rentes et pensions qu'ils auraient sur le Trésor public (1).

---

(1) Les inscriptions mentionnent lorsqu'il y a lieu : que le titu-

Décret du 13 thermidor an XIII (1er août 1805), relatif aux déclarations de transfert des 5 0/0 consolidés.

Art. 1er. A l'avenir, la déclaration de transfert des 5 0/0 consolidés sur le registre établi à cet effet près le directeur du grand-livre, conformément à la loi du 28 floréal an VII, saisira l'acquéreur de la propriété et jouissance de l'inscription transférée, et ce par la seule signature du vendeur. Toute opposition postérieure à cette déclaration sera considérée comme non avenue (1).

Décret du 26 fructidor an XIII (13 septembre 1805).

Arrérages de rentes et pensions non réclamés.

Art. 1er. Les arrérages des rentes et pensions dues par le Trésor public qui n'auront point été réclamés pendant les deux années qui précéderont le dernier semestre en payement, ne seront payés que sur les quittances des propriétaires, ou sur celle d'un fondé de pouvoir spécial.

----

laire possède comme héritier bénéficiaire, ou à charge de substitution, etc.

Que la titulaire (si c'est une femme) est mariée sous tel régime, ou bien qu'elle est veuve ou fille majeure;

Et autres indications analogues.

(1) Il ne faut pas attacher une signification trop absolue à cette disposition qui semble être un complément de l'article 4 de la loi du 8 nivôse an VI.

Art. 2. Les propriétaires desdites rentes ou pensions qui en recevront eux-mêmes les arrérages, seront tenus de justifier d'un certificat d'individualité conforme au modèle annexé au présent décret ; ce certificat, expédié sur papier au timbre de 25 centimes, sera délivré sans frais par les maires des communes ou les juges de paix du canton, dont les signatures seront dûment légalisées.

Art. 3. L'exécution des dispositions ci-dessus, commencera à dater du 1er vendémiaire an XIV, pour ce qui concerne les 5 0/0 consolidés, et du 1er nivôse suivant pour la dette viagère et les pensions (1).

Avis du Conseil d'État du 27 fructidor an XIII (14 septembre 1805).

Oppositions. — Interdisant aux créanciers des faillis la faculté de mettre opposition au transfert des inscriptions appartenant à leurs débiteurs, attendu que, d'après les dispositions de la loi, les inscriptions doivent être considérées comme l'écu que le créancier peut saisir, quand il le trouve dans la caisse de son débiteur en faillite, mais dont il ne peut arrêter la circulation, si ce débiteur infidèle le lui a frauduleusement soustrait.

---

(1) Les mesures indiquées par ce décret ne laissent pas moins subsister les règles de la prescription quinquennale pour les rentes perpétuelles ou viagères.

Loi du 24 mars 1806.

Mineurs ou Interdits. — Art. 1er. Les tuteurs et curateurs de mineurs ou interdits, qui n'auraient en inscriptions ou promesses d'inscriptions de 5 0/0 consolidés qu'une rente de 50 francs et au-dessous, pourront faire le transfert sans qu'il soit besoin d'autorisation spéciale, ni d'affiches, ni de publication, mais seulement d'après le cours constaté du jour, et à la charge d'en compter comme du produit des meubles.

Art. 2. Les mineurs émancipés qui n'auraient de même en inscriptions ou promesses d'inscriptions qu'une rente de 50 francs et au-dessous, pourront également les transférer avec la seule assistance de leurs curateurs, et sans qu'il soit besoin d'avis de parents ou d'aucune autre autorisation.

Art. 3. Les inscriptions ou promesses d'inscriptions au-dessus de 50 francs de rente ne pourront être vendues par les tuteurs ou curateurs qu'avec l'autorisation du conseil de famille, et suivant le cours du jour légalement constaté. Dans tous les cas, la vente pourra s'effectuer sans qu'il soit besoin d'affiches ni de publication.

Décision ministérielle du 26 juin 1806.

Homologation. — Dispensant de l'homologation les procès-verbaux et délibérations contenant autorisation par les conseils de familles de vendre et transférer les rentes appartenant aux mineurs ou interdits (rentes au-dessus de 50 francs).

Avis du Conseil d'État du 17 novembre 1807.

Les héritiers bénéficiaires, ont la faculté de vendre les rentes de 50 francs et au-dessous.

Avis du Conseil d'État du 13 avril 1809.

Arrérages de rentes. — Prescription. — Formalités à remplir pour l'interrompre.

Le Conseil d'État, etc...

Vu l'article 156 de la loi du 24 août 1793, portant que, dans tous les cas, aucun créancier ne pourra réclamer que les cinq dernières années de rentes sur l'État avant le semestre courant (1).

Vu l'article 2277 du Code Napoléon, qui porte que les arrérages de rentes perpétuelles et viagères se prescrivent par cinq ans ;

Considérant, que des réclamations non justifiées ne peuvent mettre le Trésor public en demeure d'acquitter, ce qu'il est toujours prêt à payer ;

Est d'avis ;

1° Que les réclamations, non appuyées de toutes les pièces justificatives, présentées par des créanciers d'arrérages de rentes sur l'État, ne peuvent interrompre la prescription qu'autant que dans le délai d'un an, du jour de la réclamation, le créancier se mettra en règle

---

(1) *Voir* cette loi.

et présentera toutes les pièces justificatives de la légitimité de sa demande.

Décision ministérielle du 24 février 1815.

Procurations. — Cette décision ordonne le rejet des procurations en sous-ordre lorsque les premières ne contiennent pas le pouvoir de substituer.

Décision ministérielle du 2 février 1816.

Femmes séparées de biens. — Cette décision rendue sur les conclusions du conseil du contentieux, dispose que la femme judiciairement séparée de biens peut vendre ses rentes sans le consentement de son mari, ainsi qu'il résulte de l'article 1449 du Code civil qui lui permet de disposer et d'aliéner son mobilier.

Ordonnance royale du 1er mai 1816.

Procurations. — Art. 4. Les procurations produites à l'appui de payements d'arrérages de rentes seront valables pendant 10 ans, sauf révocation; et si dans l'intervalle le titulaire se présente pour recevoir un semestre, sa quittance sera interprétée comme la révocation des pouvoirs qu'il aura précédemment donnés.

Décision ministérielle du 9 août 1816.

Attribution de rentes. — Rejet d'un certificat de propriété délivré par le greffier en chef du tribunal de la Seine, d'après un jugement qui avait attribué à un créancier la propriété des rentes appartenant à son débiteur.

Loi du 2 janvier 1817.

Donations et legs aux établissements ecclésiastiques. —Art. 1er. Tout établissement ecclésiastique reconnu par la loi pourra accepter, avec l'autorisation du roi, tous les biens meubles, immeubles ou rentes, qui lui seront donnés par actes entre-vifs ou par acte de dernière volonté.

Art. 2. Tout établissement ecclésiastique reconnu par la loi pourra également, avec l'autorisation du roi, acquérir des biens immeubles ou des rentes.

Art. 3. Les immeubles ou rentes appartenant à un établissement ecclésiastique, seront possédés à perpétuité par ledit établissement et seront inaliénables; à moins que l'aliénation n'en soit autorisée par le roi.

Décision ministérielle du 13 mars 1817.

Procurations.—Durée. — Admission de deux transferts en vertu de procurations dont l'une avait près de 11 années, et l'autre plus de 15 ans de date, par la raison que le mandat ne finit que par la révocation, la renonciation, la mort ou la déconfiture du mandant ou du mandataire (*Art.* 2003 *du Code civil*).

Ordonnance royale du 2 avril 1817.

Dons et Legs. — Cette ordonnance détermine les règles à suivre pour l'acceptation et l'emploi des dons et legs qui peuvent être faits en faveur tant des établissements ecclésiastiques que de tous autres établissements d'utilité publique, en vertu de la loi du 2 janvier 1817 et de l'article 910 du Code civil.

Art. 1er. Conformément à l'article 910 du Code civil et à la loi du 2 janvier 1817, les dispositions entre-vifs ou par testaments de biens meubles et immeubles au profit des églises, des archevêchés, des évêchés, des chapitres, des grands et petits séminaires, des cures et succursales, des fabriques, des pauvres, des hospices, des colléges, des communes, et en général de tout établissement d'utilité publique et de toute association religieuse reconnue par la loi, ne pourront être acceptées qu'après avoir été autorisées par nous, le Conseil d'État entendu, et sur l'avis préalable de nos préfets et de nos évêques suivant les divers cas.

L'acceptation des dons et legs en argent ou objets mobiliers n'excédant pas 300 francs sera autorisée par les préfets.

Art. 2. L'autorisation ne sera accordée qu'après l'approbation provisoire de l'évêque diocésain, s'il y a charge de services religieux.

Art. 6. Ne sont point assujettis à la nécessité de l'autorisation les acquisitions et emplois en rentes constituées sur l'État ou sur les villes, que les établissements ci-dessus désignés pourront acquérir dans les formes de leurs actes ordinaires d'administration.

Les rentes ainsi acquises seront immobilisées et ne pourront être aliénées sans autorisation.

(Le présent article 6 est rapporté par l'ordonnance du 14 janvier 1831, art. 1er.)

Avis du Conseil d'État du 15 septembre 1817.

Accorde aux *curateurs des successions vacantes* la faculté de vendre les rentes de 50 francs et au-dessous.

Arrêté du Ministre des finances du 26 février 1821.

Transferts de rentes sur l'État.— Art. 1er. A compter du 22 mars prochain, les bordereaux présentés dans les bureaux de la Dette inscrite pour dresser les déclarations de transferts, seront dans la forme du modèle indiqué...

2° Ils seront certifiés et signés de l'agent de change négociateur de la vente, tant pour l'indication et la quotité des inscriptions dont les extraits seront rapportés, que pour l'exactitude des noms et prénoms des acquéreurs, et la quotité des portions de rente à attribuer à chacun d'eux ;

3° Ces bordereaux seront vérifiés à la direction des mutations et transferts, et conservés à la direction du grand-livre, comme preuve de la régularité des écritures passées pour l'exécution des ventes d'inscriptions;

4° Il n'est pas autrement dérogé aux décisions ministérielles qui règlent les rapports existant entre les divers bureaux de la Dette inscrite qui concourent à l'exécution des mutations dans la propriété des inscriptions du grand-livre.

Loi du 17 août 1822.

Art. 24. Le *minimum* des rentes 5 0/0 consolidés inscriptible au grand-livre de la Dette publique, et susceptible d'être transféré, fixé à 50 francs, par la loi du 24 août 1793, est réduit à la somme de 10 francs.

Ordonnance du 5 mars 1823.

Procurations. — Art. 1er. Les transferts d'inscriptions directes ou départementales au-dessous de 50 francs de rente pourront s'opérer à l'avenir, tant à Paris que dans les départements, sur la production de procurations en brevet et sous signature privée, dûment certifiée ou légalisée, et soumises, quant à l'enregistrement, au minimum du droit déterminé par la loi, mais non assujetties à la formalité du dépôt.

Décision du Ministre des finances du 30 juillet 1825, concernant la forme des déclarations de transfert de rentes sur l'État à Paris. (Extrait.)

..... A partir du 1er août 1825, chaque déclaration de transfert ne contiendra qu'un seul article de vente (1).

____

(1) Avant cette décision, chaque feuille de transfert contenait huit actes de ventes. — Le modèle prescrit par l'arrêté ministériel du 26 février 1821 a été maintenu.

Arrêté ministériel du 26 janvier 1828

Concernant la forme du registre des déclarations de transfert, et l'obligation aux propriétaires vendeurs de signer les certificats de transfert.

Le Ministre, etc..., Arrête...

2° A l'avenir l'impression des déclarations de transferts sera faite en feuilles simples, lesquelles ne devront contenir qu'un seul acte de vente ; néanmoins l'agent comptable, chef des mutations et transferts, est autorisé, en faisant usage des déclarations déjà imprimées, à biffer sur chaque feuille les articles qui ne pourront servir.

3° Il est également autorisé à faire signer par les propriétaires vendeurs les certificats de transferts, indicatifs des noms des acquéreurs qui doivent être produits avec les extraits d'inscriptions.

Ces certificats, conservés aux archives de la section du grand-livre, pourront, en cas de perte d'une déclaration de transfert, être invoqués par le comptable comme preuve suffisante de la vente, et il lui en sera remis copie certifiée du directeur de la Dette inscrite pour être produite à l'appui de son compte.

Lettre ministérielle du 27 juin 1829

A la chambre syndicale des agents de change de Paris, relativement aux oppositions mises entre leurs mains et concernant la négociation d'une inscription de rente et le payement de son prix.

Par la lettre que vous m'avez adressée, Messieurs

le 18 du courant, vous me faites connaître qu'il a été formé entre les mains de tous les agents de change de Paris, une opposition à la négociation d'une rente et au payement de son prix.

Vous considérez cette opposition comme destructive des dispositions législatives qui ont déclaré les rentes insaisissables et vous me priez de vous éclairer sur la conduite que vous devez tenir en cette circonstance.

Après avoir pris connaissance de l'opposition dont il s'agit, et dont la copie signifiée à M. Vandermarcq, l'un de vous, était jointe à votre lettre précitée, j'ai reconnu que cette opposition ayant été faite en vertu d'une ordonnance du juge qui l'a autorisée, respect était dû à cette ordonnance jusqu'à sa réformation, et qu'en conséquence il ne m'appartenait pas d'intervenir dans cette affaire. Bien que je considère cette opposition comme *illégale*, tout au moins en ce qui concerne la négociation des rentes appartenant à la partie saisie, il n'en est pas moins constant qu'à l'autorité judiciaire seule, appartient le droit de prononcer, sauf à vous, Messieurs, à passer outre à vos risques et périls si vous vous y croyez fondés, et sans attendre la décision de l'autorité judiciaire.

Signé : Comte Roy.

Ordonnance royale du 14 janvier 1831

Relative aux donations, legs, acquisitions et aliénations de biens concernant les établissements ecclésiastiques et les communautés religieuses de femmes.

Art. 1er. L'article 6 de l'ordonnance royale du 2 avril 1817 est rapporté; en conséquence, aucun transfert ni inscription de rente sur l'État, au profit d'un établissement ecclésiastique ou d'une communauté religieuse de femmes, ne sera effectué qu'autant qu'il aura été autorisé par une ordonnance royale, dont l'établissement intéressé présentera, par l'intermédiaire de son agent de change, expédition en due forme au directeur du grand-livre de la Dette publique (1).

Art. 3. Nulle acceptation de legs au profit des mêmes établissements ne sera présentée à notre autorisation, sans que les héritiers connus du testateur aient été appelés par acte extra-judiciaire pour prendre connaissance du testament, donner leur consentement à son exécution ou produire leurs moyens d'opposition. S'il n'y a pas d'héritiers connus, extrait du testament sera affiché de huitaine en huitaine, et à trois reprises consécutives, au chef-lieu de la mairie du domicile du testateur, et inséré dans le journal judiciaire du département, avec invitation aux héritiers d'adresser au préfet, dans le même délai, les réclamations qu'ils auraient à présenter.

---

(1) *Voir* décret du 13 avril 1861, art. 4, § 2.

Art. 4. Ne pourront pas être présentées à notre autorisation les donations qui seraient faites à des établissements ecclésiastiques ou religieux avec réserve d'usufruit en faveur du donateur.

Ordonnance royale du 29 avril 1831

Qui autorise les propriétaires de rentes nominatives sur le grand-livre de la Dette publique à en réclamer la conversion en rentes au porteur. (Création de la rente au porteur.)

Art. 1er. Tout propriétaire d'une ou de plusieurs inscriptions de rentes nominatives 5, 4 1/2, 4 et 3 0/0 sur le grand-livre de la Dette publique, est autorisé à en réclamer la conversion en rentes au porteur à partir du 10 mai 1831.

Art. 2. Pour opérer cette conversion, le propriétaire de l'inscription de rente nominative devra la déposer au Trésor public (bureau des transferts et mutations) accompagnée d'une déclaration de transfert dans la forme ordinaire, signée de lui et certifiée par un agent de change.

Art. 3. Le propriétaire devra indiquer, en faisant le dépôt de son extrait d'inscription nominative, le nombre et la quantité d'inscriptions au porteur qui lui seront nécessaires, en ayant soin cependant de ne pas demander de coupures au-dessous de 50 francs.

Art. 4. En échange du dépôt fait, le directeur de

la Dette inscrite fera opérer un transfert d'ordre du montant de la rente déposée au crédit d'un compte ouvert sous le titre de : *Trésor public, son compte de rente au porteur* 5, 4 1/2, 4 *ou* 3 0/0.

Art. 5. Les extraits d'inscription seront revêtus des signatures du chef du grand-livre et de l'agent comptable des mutations visés au contrôle et signés par le directeur de la Dette inscrite. Ils seront à talons et les porteurs pourront, quand ils le voudront, les rapprocher de la souche qui restera déposée au Trésor.

Art. 6. Les arrérages des rentes au porteur seront payables aux mêmes époques et de la même manière que ceux des rentes nominatives de même nature.

Art. 7. Les rentes au porteur seront, à la première demande qui en sera faite, converties en rentes nominatives sur le dépôt qui sera opéré au Trésor de l'extrait d'inscription dont la reconversion sera réclamée, accompagné d'un bordereau certifié par le déposant, indiquant ses qualités et son domicile, et désignant avec exactitude les noms et prénoms auxquels la rente nouvelle devra être inscrite.

Art. 8. Le compte ouvert au Trésor public (compte de rente au porteur) sera débité du montant de la rente convertie de nouveau.

Art. 9. La conversion de rentes nominatives en rentes au porteur, ne sera pas admise par le Trésor public pour toutes les inscriptions qui représenteront les fonds des cautionnements, des majorats constitués, ceux des établissements publics ou religieux, des caisses de retraite, ceux qui auront été produits par la vente de biens avec charge de remploi, qui proviendront de constitutions dotales, qui appartiendront à des mineurs ou à des propriétaires absents ; enfin pour toutes les rentes frappées d'une cause légale quelconque d'immobilisation momentanée, à l'égard desquelles les règlements en vigueur continueront à être exécutés.

Art. 10. Les rentes au porteur pourront être rachetées par les caisses d'amortissement comme les rentes nominatives ; mais dans ce cas la conversion sera immédiatement opérée en rentes non transférables, au nom de la caisse d'amortissement.

Art. 11. Notre ministre secrétaire d'État des finances est chargé de l'exécution de la présente ordonnance.

Signé : Louis-Philippe.

Ordonnance royale du 10 mai 1831

Portant que les coupons d'arrérages seront attachés aux extraits d'inscription des rentes au porteur.

Art. 1er. Des coupons d'arrérages seront attachés aux extraits d'inscription de rentes au porteur.

Art. 2. Ces coupons, qui seront pour chaque extrait au nombre de dix, représentant cinq années d'arrérages, seront successivement détachés et payés par le Trésor aux époques d'échéance fixées pour les semestres de chaque nature de rentes 5, 4 1/2 et 3 0/0.

Art. 4. La conversion d'une inscription au porteur en une inscription nominative ne pourra s'opérer qu'avec la jouissance des coupons non détachés de l'inscription.

Art. 5. Au bout de cinq années, sur la représentation de l'extrait d'inscription, il sera délivré gratuitement par le Trésor de nouveaux coupons.

Art. 6. Les coupons d'arrérages acquittés remplaceront, dans les comptes des payeurs, les quittances des porteurs d'inscriptions.

Loi du 24 avril 1833

Relative aux formes et au contrôle des récépissés et autres titres qui engagent le Trésor public.

Art. 4. Tout extrait d'inscription de rente immatriculée sur le grand-livre de la Dette publique à Paris, qui sera délivré à partir de la promulgation de la présente loi, devra, pour former titre valable sur le Trésor, être revêtu du visa du contrôle.

Les extraits d'inscriptions de rentes immatriculées dans les départements sur les livres auxiliaires du grand-livre, n'engageront le Trésor qu'autant qu'elles auront été, conformément à l'article 3 de la loi du 14 avril 1819, détachées d'un registre à souche et à talon, signées du receveur général, visées et contrôlées par le préfet.

Ordonnance royale du 16 septembre 1834.

Minimum inscriptible. — Art. 1er. Les dispositions

de l'article 24 de la loi du 17 août 1822, qui fixent à 10 francs le minimum des rentes inscriptibles au grand livre, s'appliqueront aux rentes au porteur de toute nature.

Ordonnance royale du 10 octobre 1834

Qui exempte du timbre les inscriptions de rente, etc.

Art. 1er. Sont exemptés de la formalité et du droit de timbre, conformément à l'article 16 de la loi du 13 brumaire an VII, *les extraits d'inscriptions de rentes sur le grand-livre....., les traites du Trésor sur les départements..... et tous autres effets ou valeurs négociables créés ou émis directement par le Trésor public.*

Arrêté ministériel du 3 novembre 1834

Concernant la vente, l'achat, ou la conversion des rentes au porteur.

Art. 5. Les conversions, divisions ou réunions d'une ou plusieurs inscriptions de rentes au porteur, ou de toute autre valeur analogue, s'opéreront au moyen du dépôt qui en sera fait au bureau des transferts, à la Bourse, avec un bordereau détaillé signé du déposant et énonçant les valeurs qu'il demande en échange. Il sera remis au déposant un récépissé à talon signé par l'agent comptable des transferts, et visé au contrôle.

La délivrance des valeurs données en échange s'opérera sur la représentation du récépissé et la restitution de ce récépissé opérera la décharge de l'agent comptable.

Circulaire du Ministre de l'Intérieur du 8 juillet 1836

Relative aux acquisitions de rentes faites par les communes et établissements publics.

Il arrive assez fréquemment que quelques-uns de MM. les préfets, se fondant sur les dispositions du décret du 16 juillet 1810, croient devoir réclamer une autorisation souveraine ou ministérielle pour le placement en rentes sur l'État de *capitaux appartenant à des communes ou à des établissements de bienfaisance.*

Cependant plusieurs instructions, qui ont eu pour objet de fixer la jurisprudence à cet égard, ou qui s'en sont occupées incidemment, ont établi que le décret de 1810 n'avait pas eu pour objet de déroger aux dispositions de l'avis du Conseil d'État du 22 novenbre 1808, approuvé le 21 décembre suivant, et qui porte que, d'après la règle générale antérieurement existante, *l'emploi en rentes sur l'État des capitaux remboursés aux communes, hospices, fabriques et autres établissements publics n'a pas besoin d'être autorisé.* Ces instructions ne paraissent pas avoir été suffisamment comprises, je crois devoir vous les rappeler succinctement.

Une circulaire du 25 août 1813 relative au mode d'emploi en rentes sur l'État des capitaux libres des hospices et des établissements de charité, a fixé d'une manière précise, à cet égard, l'interprétation du décret du 16 juillet 1810, et a indiqué les formalités à remplir pour opérer ce placement sans l'intervention de l'autorité supérieure. Cette instruction spéciale et en quelque sorte fondamentale, a servi de base à toutes celles qui ont postérieurement traité la même question. En effet, l'instruction du 21 juin 1819 sur l'exécution de la loi et de l'ordonnance du 14 avril précédent, relatives à l'établissement des livres auxiliaires de la Dette publique, a rappelé incidemment la circulaire précitée du 23 avril 1813, et en a confirmé toutes les dispositions. L'instruction générale du 8 février 1823 (titre III, ch. 2) et enfin la circulaire du 24 septembre 1825, relative au rachat des rentes dues aux établissements de charité, et qui s'est occupée aussi du remploi en rentes sur l'État des capitaux en provenant, ont résolu dans le même sens la question dont il s'agit.

Ainsi, Monsieur le Préfet, les instructions existantes ont complétement fixé la jurisprudence à cet égard, et il suffit de s'y reporter pour éviter des démarches inutiles auprès de l'autorité supérieure, *toutes les fois qu'il s'agit de placement en rentes sur l'État des capitaux appartenant à des communes ou à des établissements de bienfaisance.*

Mais je vous ferai remarquer que ces instructions sont, en outre, pleinement confirmées par une disposition souveraine, qu'aucune d'elles n'a été rappelée, quoiqu'elle consacre, par une autorité supérieure, le principe qu'elles ont établi. Je veux parler de l'article 6 de l'ordonnance royale du 2 avril 1817, relative au mode d'acceptation de legs et donations, lequel est ainsi conçu :

Pauvres..............	« Ne sont point assujettis à la nécessité de l'autorisation, *les acquisitions et emplois en rentes constituées sur l'État ou les villes que les établissements désignés* (les établissements publics) pourront acquérir dans les formes de leurs actes ordinaires d'administration. »
Hospices	
Colléges.............	
Communes............	
Établissements d'utilité publique...............	
Établissements de bienfaisance	

Le sens de cet article ne saurait être douteux. *Il n'a été abrogé* par l'article 1er de l'ordonnance royale du 14 janvier 1831 qu'en ce *qui concerne les établissements ecclésiastiques,* ainsi que le prouvent les termes de cette dernière ordonnance. L'article 6 de celle du 2 avril 1817 est donc toujours en vigueur à l'égard des autres établissements publics, quoiqu'il fixe peu l'attention et soit rarement invoqué comme décision réglementaire, et il en résulte de la manière la plus complète *que ces établissements peuvent, sans autorisation, employer leurs fonds libres en achats de rentes sur l'État, quels qu'en soient d'ailleurs l'origine et le montant.*

Cette jurisprudence est, au reste, celle qui a été adoptée par le Conseil d'État, et qui est consacrée par un usage constant. Je vous prie donc, Monsieur le Préfet, de vouloir bien vous reporter aux dispositions et instructions qui l'ont fixée et de ne pas les perdre de vue, lorsque des communes ou des établissements de bienfaisance vous transmettront des demandes tendant à employer des fonds en acquisitions de rentes sur l'État.

Loi du 18 juillet 1836.

Droits de mutation. — Donations de rentes. — Art. 6. A compter du 1er janvier 1837, les donations entre-vifs des rentes sur l'État ne seront exemptes du droit proportionnel d'enregistrement, en vertu du § 3, n° 3, de l'article 70 de la loi du 22 frimaire an VII, qu'autant que l'inscription de la rente donnée existera sous le nom du donateur ou de celui auquel il aura succédé, depuis plus d'un an, et que l'acte de donation en indiquera le numéro, la date et le montant. Le droit proportionnel sera perçu si, lors de la donation, la rente donnée est déjà inscrite sous le nom du donataire, à moins qu'il ne soit énoncé dans l'acte et dûment justifié qu'elle était précédemment inscrite depuis plus d'un an sous celui du donateur. Ce droit sera liquidé sur la valeur réelle de la rente d'après le cours moyen de la Bourse de Paris au jour de la donation (1).

Loi du 18 juillet 1837 sur l'administration municipale.

Des acquisitions, aliénations, baux, dons et legs, faits aux communes. — Art. 46. Les délibérations des conseils municipaux ayant pour objet des acquisi-

---

(1) Jusque-là, toutes les stipulations faites relativement aux rentes sur l'État soit à titre onéreux, soit même à titre gratuit, se trouvaient exemptes du droit d'enregistrement. (*Voir* la loi du 22 frimaire an VII, art. 75. — *Voir* la loi du 15 mai 1850.)

tions, des ventes ou échanges d'immeubles, le partage de biens indivis, sont exécutoires sur arrêté du préfet, en conseil de préfecture, quand il s'agit d'une valeur n'excédant par trois mille francs pour les communes dont le revenu est au-dessous de cent mille francs, et vingt mille francs pour les autres communes.

S'il s'agit d'une valeur supérieure, il est statué par ordonnance du roi.

La vente des biens mobiliers et immobiliers des communes, autres que ceux qui servent à un usage public, pourra, sur la demande de tout créancier porteur de titres exécutoires, être autorisée par une ordonnance du roi, qui déterminera les formes de la vente.

Art. 48. Les délibérations ayant pour objet l'acceptation des dons et legs d'objets mobiliers ou de sommes d'argent, faits à la commune et aux établissements communaux, sont exécutoires en vertu d'un arrêté du préfet, lorsque leur valeur n'excède pas trois mille francs, et en vertu d'une ordonnance du roi, lorsque leur valeur est supérieure ou qu'il y a réclamation des prétendants droit à la succession.

Les délibérations qui porteraient refus des dons et legs et toutes celles qui concerneraient des dons et legs d'objets immobiliers ne sont exécutoires qu'en vertu d'une ordonnance du roi.

Le maire peut toujours, à titre conservatoire, accepter les dons et legs, en vertu de la délibération du conseil municipal : l'ordonnance du roi, ou l'arrêté du préfet, qui intervient ensuite, a effet du jour de cette acceptation.

Note de la direction de la Dette inscrite, du 6 juin 1840

Approuvée par le ministre des finances, concernant la marche à suivre pour les renseignements sur les rentes.

La direction de la Dette inscrite est, suivant l'expression de M. Mollien, le notaire des rentiers de l'État. C'est en effet la Dette inscrite qui constate, par ses écritures, les mouvements dont la propriété des rentes peut devenir l'objet ; c'est elle qui donne à ces actes le caractère d'authenticité et qui en conserve les titres aux familles.

Des fonctions analogues ont nécessairement des obligations communes.

Comme les notaires, la Dette inscrite doit veiller aux intérêts des personnes qui lui confient leur fortune ; comme eux encore, elle est tenue de garder le secret sur ses opérations et de n'en donner connaissance qu'aux ayants droit, sauf le cas où une communication serait requise par ordre de la justice.

« La loi du 25 ventôse an XI fait défense aux notaires
« de donner connaissance de leurs actes à d'autres
« qu'aux intéressés, sous peine de dommages-intérêts,
« d'une amende de 100 francs et d'être, en cas de réci-
« dive, suspendus de leurs fonctions pendant trois
« mois. »

Ses devoirs, à cet égard, sont d'autant plus impérieux que leur rigoureuse observation importe à la considération de l'administration, à la confiance qu'elle doit toujours inspirer, enfin, au crédit public, résultat naturel de cette confiance.

Les fonctions de la Dette inscrite touchent, comme on le voit, aux intérêts de l'ordre le plus élevé : il est donc nécessaire que les affaires qui lui sont soumises soient traitées avec maturité et circonspection ; ces conditions doivent principalement être observées par le bureau placé auprès du directeur, bureau qui, entre autres attributions, a celle de répondre aux demandes de renseignements sur l'existence, l'origine ou le sort des rentes.

Cette partie du service n'a jamais été réglementée; on s'est guidé jusqu'ici sur de simples traditions et des pratiques consacrées par l'usage.

Voici quelle est cette marche :

1° *Forme des demandes.*

D'abord, pour sa propre garantie et afin d'éviter les erreurs ou les surprises, la Dette inscrite n'admet aucune demande verbale, mais seulement celles qui, étant formées par écrit sur papier timbré, portent :

La signature du requérant ;
L'indication de son domicile ;
L'énoncé de la qualité en laquelle il agit.

On n'accorde ensuite, en thèse générale, des renseignements qu'aux personnes qui ont un intérêt réel et légitime à les requérir.

2° *Créanciers.*

La loi du 8 nivôse an VI a supprimé ces intéressés. Le principe d'insaisissabilité qu'elle consacre a nécessairement écarté tous les créanciers des rentiers ; leurs demandes sont en conséquence repoussées sans exception, quels que soient d'ailleurs les titres qui les appuient.

On n'admet donc, d'après ce principe, que les demandes présentées par le rentier ou ses représentants légitimes.

3° *Rentiers.*

Si c'est le rentier lui-même qui réclame, les renseignements demandés lui sont immédiatement fournis, sans qu'il soit obligé de justifier de son individualité, puisque la bonne foi se présume toujours.

Cependant, s'il s'élève quelques doutes sur l'identité, on exige que la signature de la demande soit légalisée.

4° *Tuteurs, Curateurs, Administrateurs.*

La même règle est appliquée aux tuteurs, curateurs ou administrateurs ; le simple énoncé de la qualité en laquelle ils agissent suffit pour justifier leurs demandes, pourvu néanmoins que ces qualités se trouvent déjà établies au grand-livre ; dans le cas contraire, ils doivent produire les actes qui les leur confèrent.

Ainsi :

Un mari demandant des renseignements sur des rentes que la femme aurait acquises antérieurement au mariage ;

Un curateur cherchant à connaître si l'interdit a été inscrit au grand-livre avant l'époque de son interdiction;

Sont tenus de produire :

Le premier, l'acte de célébration de son mariage ;

Le second, le jugement ou un extrait du jugement qui prononce l'interdiction et l'investit de la curatelle.

5° *Héritiers.*

Les demandes formées par des héritiers doivent être appuyées de justifications.

Toutefois, afin d'épargner aux parties des productions inutiles, il est toujours procédé à une vérification préalable.

Si cette vérification n'a fait découvrir aucune rente existante ou ayant existé au nom de la personne décédée, on le fait immédiatement connaître aux réclamants.

Dans le cas contraire, avant de les instruire du montant ou du sort des rentes qui ont été découvertes, on les invite à justifier de leurs qualités par la production de pièces authentiques.

6° *Mandataires.*

Tout mandataire est tenu de justifier de son pouvoir par la production d'un acte en due forme ; s'il agit au

nom d'un héritier, il est en outre obligé de justifier des droits de son commettant.

Sa procuration et les autres pièces produites lui sont restituées, à moins toutefois que la demande n'ait eu pour objet la remise d'un titre.

Dans ce cas, à l'exemple de ce qui se pratique dans la plupart des administrations comptables et encore aux greffes des tribunaux, il y a une distinction à établir.

Si la procuration a été reçue en brevet, les bureaux ne s'en dessaisissent pas, elle reste annexée au dossier pour la décharge du Trésor.

Si elle a été reçue en minute, on la rend au mandataire, après avoir pris note du notaire qui l'a reçue, afin qu'on puisse y recourir au besoin.

7° *Notaires.*

Les notaires sont naturellement affranchis de toute justification. Chargés par la nature de leurs fonctions d'établir le partage des biens des familles, ils sont fondés à requérir tous les renseignements qui peuvent leur être nécessaires pour régler ces liquidations; la Dette inscrite leur accorde en conséquence un libre accès et leur fournit sans difficulté toutes les informations qu'elle possède sur l'existence, l'immatricule ou le sort des rentes appartenant aux successions en liquidation dans leur étude. Ils sont en outre admis exclusivement à tous autres, à réquérir la délivrance de certificats d'origine desdites rentes, et lorsque ses registres sont insuffisants, la Dette inscrite leur donne les indications convenables afin que les vérifications puissent être continuées à la Cour des comptes (Archives).

Ces facilités ont donné lieu à quelques abus. Des agents sans mission, repoussés par l'administration, ont eu recours à des notaires complaisants qui leur ont fait obtenir les renseignements, objets de leurs recherches.

La Dette inscrite a dû se prémunir contre de pareilles manœuvres. Toutes les fois que par des faits antérieurs où des circonstances actuelles qu'on ne saurait spécifier ici, mais qui n'échappent pas à l'œil exercé par la pratique, il y a lieu de soupçonner que la bonne foi du notaire a été surprise, on s'abstient de délivrer les renseignements à moins que le notaire, sur l'invitation qui lui en est adressée, ne puisse joindre à sa demande soit l'acte de décès du rentier, soit toute autre pièce constatant que sa succession est en liquidation.

8° Agents de change.

Les agents de change sont aussi admis sans justifications préalables à demander tous les renseignements qui peuvent les intéresser touchant les transferts effectués par leur entremise ; leur position auprès de l'administration, leur qualité d'intermédiaires obligés des parties et la responsabilité qui pèse sur eux ont dû nécessairement leur faire accorder cette exception.

9° Avocats et avoués.

Quant aux avocats et aux avoués, bien qu'ils soient

aussi par leur état chargés de l'intérêt des tiers, il est évident qu'ils ne peuvent être accrédités auprès de la Dette inscrite au même titre que les notaires : d'abord, ils ne sont pas appelés par la loi, comme ces derniers à liquider les successions ; de plus, leur mission est loin d'être un patronage impartial, et l'on doit d'autant moins accueillir leurs demandes que les renseignements qu'elles ont pour objet sont en général destinés à être produits devant les tribunaux à l'appui de prétentions contestées, à l'égard desquelles il est du devoir de l'administration de se renfermer dans une stricte neutralité.

Cependant, comme les renseignements que possède le grand-livre, pourraient dans certaines circonstances jeter un grand jour sur les droits en litige et qu'ils seraient par là d'un intérêt majeur pour la justice, la Dette inscrite ne les refuse pas d'une manière absolue ; elle fait seulement connaître aux avocats et aux avoués qui les demandent qu'elle ne pourra les leur délivrer qu'en vertu d'une autorisation du juge.

Telles sont les règles adoptées à l'égard des demandes de renseignements ; elles sont basées sur les principes généraux de l'administration ; une longue pratique en a de plus démontré l'utilité ; il est donc convenable que la Dette inscrite continue de l'observer sans, toutefois, que leur application puisse l'affranchir de tout autre soin.

La cupidité et l'astuce savent se plier à toutes les formes, on ne saurait trop se tenir en garde contre leurs tentatives. Il est donc nécessaire d'apporter à l'examen de chaque demande l'attention la plus scrupuleuse pour en pénétrer la moralité, et si, malgré la régularité des justifications, il y a indice ou seulement présomption de mauvaise foi, il faut s'abstenir; mais il serait difficile de spécifier ici tous les cas où cette réserve peut être opportune : c'est là une affaire de tact et de sagacité qui échappe à toute règle précise et que par ce motif on a dû abandonner au pouvoir discrétionnaire du directeur.

D'un autre côté, les règles reçues n'ont pas toujours toute l'efficacité désirable; il est aussi reconnu qu'elles peuvent souffrir des exceptions. Une application trop absolue pourrait, dans certains cas, blesser les convenances ; leur but unique étant de mettre les rentiers à l'abri de toutes demandes indirectes ou contraires à leurs intérêts, il s'en suit que lorsque la Dette inscrite se trouve convenablement garantie à cet égard soit par la nature même de la demande, soit par le caractère personnel ou la position sociale du requérant il ne peut y avoir d'inconvénient à fournir les renseignements.

Cette exception est notamment applicable aux demandes ayant pour but de déjouer des propositions de faiseurs d'affaires qui, profitant de renseignements que le hasard ou l'intrigue a mis dans leurs mains, cherchent à les vendre aux rentiers, en se présentant à eux comme révélateurs de créances ignorées.

Lorsque de pareilles propositions lui sont signalées, nul doute que la Dette inscrite ne doive éclairer de tous ses moyens la partie interessée, afin de la mettre à même de recouvrer sans intermédiaire la rente qui en est l'objet.

Comme on l'a dit plus haut, la marche adoptée à l'égard des demandes de renseignements n'est basée sur aucune disposition écrite ; de là plus d'un inconvénient ; d'abord, les traditions qui l'ont conservée et sur lesquelles elle repose encore uniquement aujourd'hui sont exposées à se perdre par un simple déplacement de personnes, d'où il pourrait résulter, sinon des entraves sérieuses, du moins de l'indécision et un défaut d'uniformité qui ne doit jamais exister dans la manière de traiter les affaires.

Ces considérations m'ont porté à résumer dans les articles suivants les diverses règles énoncées ci-dessus, et j'ai l'honneur de soumettre ce projet de règlement au ministre en le priant de vouloir bien m'autoriser à en prescrire l'observation.

Art. 1er. Toute demande de renseignements concernant les rentes, adressée à la direction de la Dette inscrite, devra être formée par écrit sur papier timbré et porter :

La signature du réquérant ;

L'indication de son domicile ;

L'énoncé de la qualité en laquelle il agit.

Art. 2. Les demandes formées par des créanciers seront rejetées.

Art. 3. La demande du rentier inscrit sera admise sans que la signature en soit légalisée, pourvu que cette demande contienne les indications suffisantes pour établir l'identité.

Art. 4. Les tuteurs, curateurs, administrateurs seront admis au même titre que les rentiers qu'ils représentent, si leurs qualités sont déjà établies au grand-livre.

Dans le cas contraire, ils auront à justifier de leur qualité par la communication des actes qui la leur confèrent.

Cette communication sera mentionnée sur la lettre de demande par la personne qui l'aura reçue.

Art. 5. Les demandes des héritiers devront être appuyées de justifications si, après une vérification préalable, il est reconnu que les rentes, objet de leurs recherches, existent ou ont été recueillies par autrui.

Comme il est dit à l'article précédent, les pièces justificatives communiquées seront rendues aux requérants après qu'il en aura été pris note sur la lettre de demande.

Art. 6. Tout mandataire devra justifier de ses pouvoirs par la présentation d'un acte en due forme.

S'il agit au nom d'un héritier, il devra, en outre, justifier des droits de son commettant.

La procuration et les autres pièces qu'il aura produites lui seront rendues après mention, à moins que la demande n'ait eu pour objet la remise d'un titre.

Dans ce dernier cas :

Si la procuration a été donnée en brevet, elle restera au dossier ;

Si elle est passée en minute, elle ne sera rendue au mandataire qu'après qu'il aura été pris note du notaire qui l'a reçue.

Art. 7. Les notaires seront admis à obtenir sur leur demande des renseignements concernant l'existence ou le sort des rentes dépendant ou ayant appartenu aux successions en liquidation dans leur étude.

Ils seront, en outre, admis exclusivement à tous autres à obtenir des renseignements sur l'immatricule ou l'origine des rentes dont il sont chargés de requérir la mutation.

Les demandes de certificats d'origine devront être accompagnées de l'extrait de l'inscription qui en est l'objet ou, à défaut, d'une déclaration indiquant pour quelle cause ce titre ne peut être produit.

Art. 8. Les agents de change seront pareillement admis à obtenir sur leur demande des renseignements concernant les transferts qu'ils ont certifiés.

Art. 9. Les demandes présentées par des avocats ou des avoués ne seront accueillies qu'autant qu'elles se trouveront appuyées d'une autorisation d'un juge.

Art. 10 et dernier. Dans tous les cas qui n'ont pu être prévus au présent règlement, il sera référé au directeur, et les renseignements ne pourront être donnés, s'il le juge convenable, que sur son autorisation écrite.

Ce 6 juin 1840.

Le maître des requêtes, directeur de la Dette inscrite,

Signé : A. BAILLY.

Approuvé :

Le pair de France, ministre secrétaire d'État des finances,

Signé : PELET DE LA LOZÈRE.

Ordonnance en Conseil d'État (27 août 1840)

Décidant qu'en cas de perte d'inscription de rentes au porteur, le ministre des finances ne peut être tenu de remplacer le titre de l'inscription, même sous l'offre d'un dépôt d'autres inscriptions de rente équivalant à celles perdues.

Vu le décret du 3 messidor an XII et l'ordonnance royale du 29 avril 1831 ;

Considérant, que le décret du 3 messidor an XII relatif au mode de remplacement, en cas de perte, d'extraits d'inscriptions au *grand-livre*, ne concerne que les inscriptions de rentes *nominatives*, et qu'aucune disposition de la loi ou ordonnance n'oblige notre ministre à remplacer les inscriptions de rente au porteur adirées ;

Art. 1er. La requête est rejetée.

Ordonnance royale du 5 janvier 1847.

Aux termes des lois de la matière, la tenue du grand-livre de la Dette publique et les mutations et transferts de rentes sur l'État sont exclusivement placés dans les attributions de l'autorité administrative; ces mutations et transferts constituent des actes administratifs qui ne peuvent être appréciés par l'autorité judiciaire; ainsi l'autorité administrative est seule compétente pour juger les questions de responsabilité vis-à-vis du Trésor.

Décret du 7 juillet 1848.

Minimum inscriptible. — Art. 6. Le minimun des

coupures de rentes inscriptibles au grand-livre de la Dette publique, fixé à 10 francs par la loi du 17 avril 1822, est réduit à 5 francs.

Loi du 15 mai 1850.

Droits de mutations. — Art. 7. Les mutations par décès et les transmissions entre-vifs, à titre gratuit, d'inscriptions sur le grand-livre de la Dette publique, seront soumises aux droits établis pour les successions ou donations. Il en sera de même des mutations par décès de fonds publics et d'actions des compagnies ou sociétés d'industries et de finances étrangers, dépendant d'une succession régie par la loi française, et des transmissions entre-vifs, à titre gratuit, de ces mêmes valeurs au profit d'un Français. Le capital servant à la liquidation du droit d'enregistrement sera déterminé par le cours moyen de la Bourse au jour de la transmission. S'il s'agit de valeurs non cotées à la Bourse, le capital sera déterminé par la déclaration estimative des parties, conformément à l'article 14 de la loi du 22 frimaire an VII, sauf l'application de l'article 39 de la même loi, si l'estimation est reconnue insuffisante.

Lettre du ministre des finances (25 septembre 1851)

Au syndic des agents de change concernant le rôle du Trésor dans l'exécution des transferts.

Monsieur le Syndic,
J'ai reçu la lettre que vous m'avez écrite, le 19 août

dernier, relativement à la décision, en date du 23 du mois précédent, qui prescrit à l'agent comptable des transferts de ne plus exiger de justifications à l'appui des qualités prises par l'acquéreur, ou des conditions qui modifient le droit de propriété.

Cette décision n'a pas la portée que la chambre syndicale lui attribue.

Les inconvénients de l'usage précédemment suivi par le bureau des transferts ont été plusieurs fois signalés.

Dans un rapport du 9 septembre 1823, le directeur de la Dette inscrite constatait que cet usage, introduit sans nécessité dans la pratique, n'était fondé sur aucune disposition de la loi ou des règlements ; « que dans « aucun temps et sous aucun régime, soit dans les quit- « tances de finance servant de base aux anciens con- « trats de constitution, soit dans les déclarations re- « çues par les notaires avant la loi du 28 floréal an VII, « on n'avait fait intervenir les acquéreurs ni exigé « d'eux la preuve écrite des qualités qui leur étaient « attribuées ou des clauses limitatives de la propriété».

La loi du 28 floréal an VII, a plutôt fortifié que modifié sur ce point l'ancienne jurisprudence, puisque, ainsi que le Conseil d'État l'a reconnu dans un avis du 2 juillet 1828, « elle a été promulguée pour faciliter dans « l'intérêt du Trésor les transferts et les mutations de « rentes sur l'État et que, dans ce but, elle a substitué « aux formalités précédemment exigées, des formalités « plus simples dont elle a voulu assurer la prompte « exécution de la part des agents du Trésor, au moyen

« de dispositions par lesquelles elle les a dispensés de
« vérifier eux-mêmes les droits et qualités des nou-
« veaux propriétaires et reporté à d'autres la responsa-
« bilité de cette vérification. »

Cette interprétation de la législation actuelle a été
toutnouvellement confirmée par l'avis du Conseil d'État,
que vous rappelez, concernant les contrats de mariage.
Il porte que l'intervention du Trésor dans les transferts
et mutations est purement administrative ; que les lois
ne lui imposent à l'égard de ces opérations que de tenir
les registres destinés à leur servir de minutes, sous la
condition de se faire rapporter pour les mutations prévues par l'article 6 de la loi du 28 floréal an VII, le certificat de propriété décrit par cette loi ; que la seule responsabilité que le Trésor encoure est celle qui pourrait
résulter du non-accomplissement des obligations ci-
dessus rappelées.

Ces explications ne peuvent laisser aucune incertitude
sur le caractère et l'étendue du rôle du Trésor dans
l'exécution des transferts. Il n'intervient que pour constater les transactions qui s'effectuent à la Bourse, et
cette constatation s'opère sur les déclarations qu'il reçoit des parties et que certifie l'agent négociateur, déclarations qu'il n'a pas à contester ni à contrôler au
fond, mais à exécuter purement et simplement.

Le bureau des transferts s'était écarté de ces principes ; les vérifications auxquelles il se livrait quant aux
droits et aux qualités de l'acquéreur le faisaient sortir
en quelque sorte du rôle passif où il doit se renfermer ;
cet usage était doublement dangereux : il pouvait com-

promettre la sécurité du Trésor et donner aux parties ou à leurs intermédiaires une trompeuse sécurité; j'ai dû le faire cesser.

Mais en le réformant, je n'ai pas eu et je ne pouvais avoir la pensée d'accroître la responsabilité des agents de change. Ces agents ont des obligations qui leur sont propres et que le ministre des finances n'a pas le pouvoir d'étendre ni d'affaiblir. Je reconnais avec vous, qu'aucune disposition ne leur prescrit expressément de vérifier les droits et qualités des contractants. La loi qui règle leur ministère se tait sur ce point. Mais cette obligation ne résulte-t-elle pas implicitement de la nature même de leur mandat ?

On voit, en effet, dans l'arrêté du 27 prairial an X, qu'indépendamment du cas de garantie que vous citez, concernant l'identité des parties et la vérité des pièces, les agents de change sont responsables, article 13, de la livraison et du payement de ce qu'ils ont vendu ou acheté. Cette livraison et ce payement s'opèrent par leur entremise après l'exécution du transfert. Il faut bien alors nécessairement, qu'avant de certifier le transfert, ils vérifient les qualités de leurs clients pour s'assurer de *leur capacité* et savoir s'ils pourront valablement se dessaisir entre leurs mains. Il y a là une obligation naturelle à laquelle nul contractant ne peut se soustraire, l'agent de change moins que tout autre, et j'ai la confiance qu'elle n'est pas négligée.

Sans doute, il est des espèces contentieuses où l'accomplissement de cette obligation laisse des doutes. Mais si les notions du droit commun ne suffisent pas pour les résoudre, l'agent de change, pour s'éclairer, peut recourir, dans les cas les plus ordinaires, aux notaires, pour en obtenir les certificats ou actes qu'il jugerait nécessaires, soit dans les circonstances exceptionnelles, et toujours après cette précaution prise, à la chambre syndicale ou au conseil de la compagnie.

Vous reconnaîtrez, je pense, Monsieur le syndic, d'après ces explications, que les craintes de la chambre syndicale ne sont aucunement fondées, que la décision contre laquelle elle a cru devoir s'élever, et qui était indispensable pour régler un point de service intérieur, ne touche en rien les fonctions des agents de change; que leur position reste la même, et qu'ils n'ont ni plus ni moins d'obligations qu'auparavant.

Agréez, etc.

Le ministre des finances,
Signé : Achille Fould.

Décret du 25 mars 1852

Sur la décentralisation administrative.—Établissements publics et religieux.

Art. 1er. Les préfets continueront de soumettre à la décision du ministre de l'intérieur les affaires départementales et communales qui affectent directement l'intérêt général de l'État, telles que l'approbation des budgets départementaux, les impositions extraordinaires et les délimitations territoriales ; mais ils statueront désormais sur toutes les autres affaires départementales et communales qui, jusqu'à ce jour, exigeaient la décision du chef de l'État ou du ministre de l'intérieur, et dont la nomenclature est fixée par le tableau A ci-annexé.

§ 41. Aliénations, acquisitions, échanges, partages de biens de toute nature quelle qu'en soit la valeur.

§ 42. Dons et legs de toutes sortes de biens, lorsqu'il n'y a pas de réclamation des familles.

Loi du 8 juillet 1852.

Transferts d'inscription provenant de titulaires décédés ou déclarés absents.

..... Art. 25. Le transfert ou la mutation au grand-livre de la Dette publique d'une inscription de rente provenant de titulaires décédés ou déclarés absents, ne pourra être effectué que sur la présentation d'un certificat délivré sans frais par le receveur de l'enregistrement et visé par le directeur du département, constatant l'acquittement du droit de mutation par décès établi par l'article 7 de la loi du 18 mai 1830. Dans les départements autres que celui de la Seine, la signature du directeur de l'enregistrement devra être légalisée par le préfet.

Art. 26. Les droits de mutation par décès des inscriptions de rentes sur l'État et les peines encourues en cas de retard ou d'omission de ces valeurs dans la déclaration des héritiers, légataires ou donataires, ne seront soumis qu'à la prescription de trente ans.

Gazette des tribunaux du 29 août 1856 (Mollot)

Insaisissabilité de rentes sur l'État. — Il s'agit de savoir si les créanciers d'une succession bénéficiaire, qui ne possède que des rentes sur l'État, ont le droit d'exiger que l'héritier les vende pour opérer leur paye-ment, sinon, et à titre de peine, qu'il les paye de ses propres deniers. Il s'agit de savoir par suite si la jus-tice doit homologuer la liquidation notariale qui consa-crerait directement ou indirectement une pareille me-sure.

. . . .

On suppose que l'insaisissabilité des rentes sur l'État a été décrétée au profit du Trésor *seul* pour simplifier l'ordre de sa comptabilité, et l'on ne conçoit pas pour-quoi ce principe servirait à protéger un intérêt pure-ment privé, au préjudice des créanciers de la succes-sion, et au mépris de toutes les règles du droit commun. Mais il suffirait de lire les textes prohibitifs pour se convaincre que le législateur ne s'est pas seulement préoccupé des formes bureaucratiques ou de l'intérêt du rentier, qu'il a voulu surtout accroître le crédit public en donnant d'autant plus de faveur aux rentes qui en con-stituent l'élément fondamental.

La loi du 24 août 1793, qui ordonna la formation du grand-livre de la Dette publique, ayant autorisé les créanciers du rentier à former des oppositions sur le capital et sur les arrérages de rentes (article 162, 195, 196, et 197), on fut bientôt frappé de l'influence fâcheuse que cette mainmise faisait peser sur la valeur même de la rente et par suite sur le crédit de l'État. C'est alors qu'intervint la loi du 8 nivôse an VI, article 4, qui disposa : « Il ne sera plus reçu à l'avenir d'opposition sur « le tiers conservé de la Dette publique inscrit ou à « inscrire. » Et pour qu'il ne surgît pas de doute, quant aux arrérages, l'article 7 de la loi du 22 floréal an VII ajouta : « Il ne sera plus reçu, à l'avenir, d'opposition « au payement desdits arrérages, à l'exception de celle « qui serait formée par le propriétaire de l'inscription. » Or, rien n'est plus absolu que ces deux lois. Elles interdisent toute opposition de la part des créanciers, n'importe la nature de la somme due, n'importe la qualité du rentier, du débiteur ; elles proclament, vis-à-vis des créanciers, l'insaisissabilité de la rente pour le capital et les arrérages dans les termes les plus impératifs, sans aucune restriction, et par conséquent *en quelques mains que la rente puisse passer*. L'opposition de celui qui se prétend propriétaire de la rente comme héritier, donataire ou à tout autre titre, n'est point une saisie, mais une revendication nécessaire pour sauvegarder le droit sacré de la propriété. Voici d'ailleurs les motifs présentés au Conseil des Anciens par le rapporteur de la loi du 8 nivôse an VI :

« 1° Les rentes sont meubles par leur nature ; elles « n'étaient réputées immeubles que par fiction et dans « quelques coutumes seulement. Il convenait non-seu-

« lement de les rendre à leur première nature mais
« encore de *priver les créanciers* pour l'avenir de toute
« espèce de droit, saisie et opposition soit sur le capi-
« tal, soit sur les arrérages. *Les créanciers prévenus*
« *et instruits qu'ils n'auront point à compter sur cette*
« *ressource pour le payement et la sûreté de leurs*
« *créances, règleront à l'avenir leurs transactions en*
« *conséquence et se ménageront d'autres sûretés moins*
« *sujettes à tromper leur attente*; 2° en supprimant
« ces oppositions, on donne en quelque sorte à ces ca-
« pitaux, à ces sortes des créances (*alea realis*) la va-
« leur et l'effet du numéraire en circulation dont il est
« important d'augmenter la masse; 3° on satisfait aux
« *vœux du commerce.*

« Les députés en cette partie ont donné sur cet
« objet un mémoire au ministre des finances où ils
« mettent en évidence *les inconvénients qui résultaient*
« *pour le crédit public des oppositions admises et des*
« *entraves perpétuelles qu'éprouvait la circulation de*
« ces capitaux. En dernier résultat, l'intérêt des créan-
« ciers (des rentiers) s'y rencontre. Ils trouvaient dif-
« ficilement à négocier leurs créances; ils étaient forcés
« de les vendre à perte et à vil prix, *tandis que libres*
« *et sans aucun* danger d'opposition, elles seront por-
« tées à un plus haut prix et d'un commerce plus facile.»

. . . .

La rente restera-t-elle indéfiniment affranchie des
poursuites des créanciers, passant d'un successeur à
l'autre, en présence d'une dette toujours subsistante?
Nous répondrons encore que la loi n'ayant pas fixé

le terme, il est impossible de le prescrire en suppléant sa disposition, ou plutôt en la violant, car elle exclut toute idée de terme. Cependant il ne faut rien exagérer: ou l'héritier bénéficiaire cédera à un sentiment d'honneur, ou il voudra liquider une situation toujours embarrassante pour lui, et il vendra la rente afin de se libérer avec le prix; ou bien encore, il la vendra pour réaliser quelque combinaison d'affaires et, alors, il sera contraint de livrer ce prix sous une autre forme à l'action des créanciers.

. . . .

Il nous paraît inutile de nous arrêter à l'arrêté du 17 novembre 1807, qui déclare applicable aux héritiers bénéficiaires la loi du 24 mars 1806, concernant les mineurs, et porte que ces héritiers pourront vendre, sans l'autorisation de justice prescrite par l'article 796 du Code Napoléon, les inscriptions de rentes au-dessous de 50 francs. On a prétendu que la nouvelle disposition spéciale a pour objet de faciliter et par conséquent de consacrer l'exercice du droit des créanciers contre l'héritier bénéficiaire. Autre erreur. Tout ce qui en résulte, c'est que si l'héritier bénéficiaire croit devoir vendre la rente pour libérer la succession ou pour tout autre motif, et cela spontanément, sans contrainte, il est dispensé, à raison du peu d'importance du titre, de recourir à une formalité assez coûteuse. Aucune dérogation n'est faite au principe de l'insaisissabilité.

. . . .

La bonne jurisprudence est la science des lois. Ce qu'il y a de plus sage dans la question posée, c'est donc de revenir aux premiers errements qu'elle avait posés en conformité des lois spéciales (1).

---

(1) Voici l'état de cette jurisprudence : Deux avis du Conseil d'État des 17 termidor an X et 11 novembre 1817 (Dumesnil, *Législation du Trésor public*, p. 103) et un arrêt du 19 septembre 1839 (Dalloz, 1840, 111, 68) ont commencé par décider : que le ministre des finances est autorisé, conformément aux lois du 8 nivôse an VI, et du 22 floréal an VII, à ne pas déférer à des jugements par lesquels des créanciers auraient obtenu l'attribution de rentes contre les titulaires leurs débiteurs. — Un arrêt de la cour de Paris du 22 novembre 1840 (1re chambre) a jugé ensuite : 1° que la demande d'un créancier afin de faire ordonner la vente d'une rente sur l'État, doit être rejetée comme équivalant à une saisie prohibée par les lois de l'an VI et de l'an VII ; 2° que d'après les mêmes lois, le créancier n'est pas mieux fondé à requérir la séparation du patrimoine du défunt pour y faire entrer la rente. — Même arrêt de la cour de Toulouse du 3 mai 1838 (*Journal du Palais*, 1840, t. II, p. 35 et 749). — Autre arrêt de la cour de Paris, du 16 décembre 1848 (*Journal du Palais*, 1849, t. Ier, p. 20). — L'insolvabilité de la succession ni la déconfiture constatée de l'héritier ne sauraient modifier l'application de ces dispositions prohibitives. — Arrêt de Paris, 1re chambre (sous la présidence de M. Delangle) du 30 juillet 1853, qui infirme un jugement du tribunal de la Seine, et arrêt de cassation du 8 mai 1854 qui rejette le pourvoi (*Même journal*, 1853, t. II, p. 145, et 1854, t. Ier, p. 607). — Un avis du Conseil d'État du 4, complémentaire, an XIII, avait décidé que les syndics d'une réunion de créanciers ne peuvent pas s'opposer au transfert de rentes appartenant à leur débiteur failli (Dumesnil, *loco cit.*). — Enfin, la cour de Paris a jugé, par arrêt du 14 avril 1849, que les créanciers d'une succession bénéficiaire, n'ont ni le droit de former opposition sur les rentes qui en dépendent, ni le droit d'empêcher qu'elles ne soient immatriculées au nom de l'héritier (Sirey, vol. 1849, 2e partie, p. 414). Ces deux arrêts consacrent nos principes.

Rapport au ministre des finances du 16 décembre 1856

Concernant la remise d'une inscription au porteur nonobstant l'absence de récépissé de dépôt qui s'y rattache.

Le sieur Legrand, attaché en qualité de garçon de recette aux bureaux de M. Pomme, agent de change, a déposé le 27 septembre dernier, au bureau des transferts à la Bourse, deux inscriptions de rentes au porteur montant ensemble à 100 pour les faire réunir en un seul titre de même nature. Le dépôt a été, suivant la règle, constaté par un récépissé du porteur, visé au contrôle, qui a été remis au déposant pour lui servir ensuite à retirer l'inscription nouvelle.

Or, le sieur Legrand, qui a égaré le récépissé, demande les justifications qu'il aurait à faire pour obtenir, à son défaut, la remise de l'inscription résultant de la réunion.

Déjà, en 1854, à l'occasion d'une réclamation présentée dans des circonstances analogues par M. de Béjot, agent de change, il a été reconnu, de concert avec la division du contentieux, que des récépissées de dépôt d'inscriptions au porteur pouvaient être, en cas de perte, remplacés au moyen d'une décharge par acte notarié ; mais ce mode de remplacement n'a été admis jusqu'à ce jour que pour des récépissés devant servir au retrait d'inscriptions nominatives à l'égard desquelles l'identité, et, par suite, le droit du requérant sont établis d'une manière certaine.

La question de savoir si l'on pouvait remplacer de même les récépissés ayant pour objet des inscriptions au porteur n'avait pas encore été soulevée, et le chef de division du contentieux, qui l'avait seulement prévue, paraissait pencher pour la négative.

« Il en serait autrement, disait M. Serveux, dans sa
« note du 12 avril 1854, relative à la réclamation de
« M. de Béjot, il en serait autrement s'il s'agissait d'un
« récépissé de dépôt d'une inscription au porteur à
« faire remplacer par une inscription de même nature.
« En effet, dans ce cas, le créancier de l'État n'est pas
« connu, et le Trésor ne saurait remettre le nouveau
« titre à celui qui le réclamerait sans rapporter le ré-
« cépissé de dépôt, qu'en exigeant les garanties né-
« cessaires pour être à l'abri de toute action de la part
« des détenteurs du récépissé qui viendraient à le re-
« présenter plus tard, s'en prétendant légitimes posses-
« seurs. »

Cependant, il semble, qu'en droit, l'inscription au porteur qui est restée dans les bureaux du Trésor ne peut être considérée que comme la propriété du sieur Legrand.

Possesseur légal, et partant propriétaire des anciens titres dont elle émane, le sieur Legrand avait la faculté de demander qu'ils fussent convertis en une inscription nominative ; comment la circonstance d'avoir demandé une inscription au porteur aurait-elle modifié sa position ? Le récépissé qu'il a reçu est de la même forme que s'il avait eu en vue une inscription nominative, et, il n'est pas plus négociable. La personne qui le trouverait ne pourrait donc en faire aucun usage contre le Trésor ; elle ne serait aucunement fondée à s'en dire propriétaire, et sa possession devrait être justifiée.

Rien ne paraîtrait s'opposer en conséquence à ce que l'inscription au porteur que réclame le sieur Legrand lui fût délivrée par une décharge par acte devant notaire portant déclaration de perte du récépissé, *acte dans lequel interviendrait, pour surcroît de garantie, un agent de change qui certifierait l'identité du déclarant.*

Je pense que, dans l'espèce, comme dans les cas semblables qui pourront se présenter, une décharge dans cette forme mettrait le Trésor suffisamment à l'abri contre toute répétition de la part des porteurs de récépissés.

Toutefois, et en raison de l'opinion contraire incidemment émise par M. Serveux en 1824, je crois devoir proposer au ministre, avant de décider ce point, de renvoyer le présent rapport à M. le chef de la division du contentieux pour avoir son avis sur la question de principe qui en fait l'objet.

Le 16 décembre 1856.

Dette inscrite,

Signé : ANDREY.

Approuvé.

Avis du chef de la division du contentieux des finances (5 janvier 1857).

Récépissé de dépôt perdu. — Après avoir examiné avec attention la proposition qui précède et sur laquelle le ministre a désiré connaître mon avis, je pense qu'elle doit être accueillie.

Il faut remarquer, en effet, que les formes du dépôt au bureau des transferts et mutations sont les mêmes dans les trois cas :

Soit qu'il s'agisse de convertir une rente nominative, en rente au porteur;

Soit qu'il s'agisse de convertir une inscription de rente nominative ;

Soit enfin qu'il s'agisse, comme dans l'espèce sur laquelle je suis consulté, de réunir en une seule inscription au porteur deux ou plusieurs coupures de même nature ou, réciproquement, de diviser en plusieurs coupures au porteur une inscription au porteur déposée pour opérer cette division.

Dans ces diverses hypothèses et dans les circonstances analogues, le dépôt de l'inscription au porteur dont la reconversion ou la division est réclamée, est toujours accompagné d'un bordereau certifié par le déposant indiquant ses qualités et domicile. (*Ordonnance du 29 mai 1834, article 7.*)

Ce bordereau est d'ailleurs exigé dans les termes suivants par l'article 5 de l'arrêté ministériel du 3 novembre 1834.

« Les conversions, divisions ou réunions d'une ou
« plusieurs inscriptions de rente au porteur ou de toute
« autre valeur analogue, s'opéreront au moyen du
« dépôt qui en sera fait au bureau des transferts à la
« Bourse, avec un bordereau détaillé signé du déposant,
« énonçant les valeurs qu'il demande en échange ; il
« sera remis au déposant un récépissé à talon signé
« par l'agent comptable des transferts et visé au con-
« trôle.

« La délivrance des valeurs données en échange s'o-
« pérera sur la représentation du récépissé et la resti-
« tution de ce récépissé opérera la décharge de l'agent
« comptable. »

Ainsi, l'identité du déposant est facile à constater à
l'aide de la signature par lui apposée sur le bordereau
de dépôt. Il importe peu qu'il ne soit pas désigné sur le
récépissé qui est au porteur, sans indication de nom,
puisqu'en cas de doute ou de réclamation, ou même en
cas de perte de ce récépissé de dépôt, l'agent comptable
pourrait s'assurer de l'individualité du réclamant en le
faisant signer sous ses yeux, pour comparer sa signature avec celle du bordereau.

L'essentiel pour cet agent comptable, c'est d'être
régulièrement déchargé des valeurs qu'il doit livrer
par le véritable ayant droit.

Dans les cas ordinaires, cette décharge résulte pour
lui de la seule remise du récépissé de dépôt qu'il a
fourni au déposant.

Mais si ce titre est égaré ou détruit par une cause
quelconque, il est juste de pouvoir y suppléer par un

acte équivalent, et, en pareil cas, une décharge par acte notarié portant déclaration de perte du récépissé avec l'intervention d'un agent de change pour certifier l'identité du déclarant me paraît offrir toutes les garanties désirables.

Une expédition de cet acte authentique suffirait donc pour exonérer l'agent comptable et pour mettre à couvert sa responsabilité, contre tout détenteur du récépissé de dépôt qui viendrait à le présenter plus tard en s'en prétendant légitime propriétaire, puisque la présomption résultant pour lui de cette possession serait détruite par la reconnaissance notariée et la revendication antérieure du véritable déposant. D'ailleurs, ce récépissé n'est pas un titre négociable. La détention dans les mains d'un tiers peut valoir comme procuration pour recevoir les inscriptions de rente aux lieu et place du signataire du bordereau de dépôt. Mais celui-ci n'en reste pas moins propriétaire des valeurs qu'il a déposées et il a toujours le droit d'en consentir décharge par un acte spécial, lorsqu'il déclare que son récépissé a été adiré.

En conséquence, j'estime qu'il y a lieu d'adopter la proposition faite dans ce sens par M. le directeur de la Dette inscrite et si le ministre partage cette opinion, j'aurai l'honneur de prier Son Excellence de revêtir de son approbation le présent avis qui emportera décision.

Paris le 5 janvier 1857.

Le chef de la division du contentieux des finances,

Signé: CHOURI.

Approuvé.

Instruction générale sur la comptabilité (20 juin 1859).

Prescription quinquennale. — Règles spéciales concernant les rentes sur l'État.

Art. 686. — (Extrait.) Les semestres ou trimestres arriérés des rentes ne sont pas, comme les autres créances sur l'État, atteints par la prescription au jour de la clôture des crédits, mais seulement et successivement au fur et à mesure de leurs échéances.

Achat et vente de rentes sur l'État. — Art. 1156. (Extrait.) Aux termes de l'ordonnance royale du 14 avril 1819, les receveurs généraux sont chargés d'office, à la volonté des particuliers, des communes et des établissements publics, de faire effectuer pour leur compte et sans frais, sauf ceux de courtage justifiés par bordereaux d'agent de change, tous les achats et ventes de rentes sur l'État qu'ils jugent à propos de leur confier.

Les receveurs d'arrondissement sont tenus d'intervenir dans ces opérations, lorsque le receveur général les en charge, mais seulement comme ses correspondants particuliers, et ils doivent porter directement à son compte les recettes et les payements auxquels elles donnent lieu.

Décret du 13 avril 1861

Modifiant celui du 25 mars 1852 sur la décentralisation, administrative.

Établissements publics et religieux. — Art. 4. Les préfets statueront aussi, sans l'autorisation du ministre de l'instruction publique et des cultes, sur les objets suivants :

§ 2. Autorisation donnée aux établissements religieux de placer en rentes sur l'État les sommes sans emploi provenant de remboursement de capitaux.

Loi du 2 mai 1861

Relative à la **légalisation** *par les juges de paix des signatures des notaires et des officiers de l'état civil.*

Art. 1er. Les juges de paix qui ne siégent pas au chef-lieu du ressort d'un tribunal de première instance sont autorisés à légaliser, concurremment avec le président du tribunal, les signatures des notaires qui résident dans leur canton et celles des officiers de l'état civil des communes qui en dépendent soit en totalité, soit en partie.

Art. 2. Les notaires et les officiers de l'état civil déposeront leurs signatures et leurs paraphes au greffe de la justice de paix où la légalisation peut être donnée.

Art. 3. Il est alloué aux greffiers de justice de paix une rétribution de 25 centimes par chaque légalisation. Néanmoins cette rétribution ne sera pas exigée si l'acte, la copie ou l'extrait sont dispensés du timbre.

Décret du 11 janvier 1862

Relatif à la perception du droit de transmission établi sur les actions et obligations des sociétés, compagnies, etc.

Art. 1er. Le droit de transmission établi par l'article 9 de la loi du 23 juin 1857, et par l'article 10 du décret du 17 juillet suivant, sur les actions et obligations des sociétés, compagnies et entreprises étrangères est perçu de la manière suivante :

Pour les sociétés, compagnies et entreprises dont il est notoire que les titres circulent particulièrement en France, l'impôt est perçu sur le montant total de leurs actions et obligations.

Pour les sociétés, compagnies et entreprises dont les titres sont cotés et circulent simultanément dans les places de commerce de l'étranger et à la Bourse de Paris ou dans les bourses départementales, la moitié du capital représenté par leurs actions et obligations est soumise à l'impôt.

Art. 2. Les représentants des sociétés devront fournir au ministre des finances une déclaration émanée des conseils d'administration desdites sociétés, faisant connaître l'importance du capital émis tant en actions qu'en obligations. Cette déclaration doit être certifiée par le consul de France du lieu où est établi le siége de ladite société.

Décret du 6 février 1862.

Les transferts d'inscriptions de rentes directes ou départementales pourront s'opérer, tant à Paris que dans les départements, sur la production de procurations sous signatures privées, légalisées par les maires, et qui seront soumises, quant au droit d'enregistrement, au minimum du droit déterminé par la loi. Elles ne seront point assujetties à la formalité du dépôt (1).

Décret du 15 février 1862.

Dons et legs faits aux fabriques des églises. — Art. 1er. L'acceptation des dons et legs faits aux fabriques des églises sera désormais autorisée par les préfets, sur l'avis préalable des évêques, lorsque ces

---

(1) Ce décret, qui apportait une modification importante à l'ordonnance du 5 mars 1823, n'a pas été publié au *Bulletin des lois;* à cause de son importance non prévue, sans doute, il a été l'objet de *certaines mesures:* par suite on doit le considérer comme lettre morte, excepté, paraît-il, pour les procurations fournies au Trésor par l'intermédiaire des receveurs généraux.

Le ministre des finances l'a invoqué dans l'instruction générale de l'enregistrement n° 2212 du 14 février 1862, pour bien expliquer à ses préposés qu'il fallait percevoir 2 francs et non 1 franc sur les procurations. (Galland).

libéralités n'excéderont par la valeur de 1,000 francs, ne donneront lieu à aucune réclamation et ne seront grevées d'autres charges que l'acquit de fondations pieuses dans les églises paroissiales et de dispositions au profit des communes, des hospices, des pauvres ou des bureaux de bienfaisance.

Art. 2. L'autorisation ne sera accordée qu'après l'approbation provisoire de l'évêque diocésain, s'il y a charge de services religieux.

Art. 3. Les préfets rendront compte de leurs arrêtés d'autorisation au ministre compétent dans les formes déterminées par les instructions qui leur seront adressées. Les arrêtés qui seraient contraires aux lois et règlements ou qui donneraient lieu aux réclamations des parties intéressées pourront être annulés ou réformés par arrêté ministériel.

Avis du Conseil d'État (14 janvier 1863).

Établissements religieux. Immatricule des rentes leur appartenant.

.... Avis du Conseil, décidant que lorsque des dons et legs sont faits à une fabrique, un consistoire, une cure ou un autre établissement religieux, sous la condition que ces dons et legs seront affectés au soulagement des pauvres, ces derniers étant les vrais bénéficiaires des libéralités, l'immatriculation des rentes qui en font l'objet doit mentionner, et le nom de l'établissement institué et celui du bureau de bienfaisance ou du maire représentant les pauvres.

Le décret qui autorise l'acceptation peut bien prescrire l'emploi des arrérages, mais au Trésor on ne saurait compliquer les inscriptions par de tels détails, et l'on se borne à délivrer un titre au nom de telle ou telle commune *pour en jouir conformément au décret du....*

Décret du 18 juin 1864.

Inscriptions mixtes.

Art. 1er. Il sera créé, pour les propriétaires de rentes 3 0/0 qui en feront la demande, des titres nominatifs de sommes fixes et munis de coupons d'arrérages payables au porteur (1).

Ces titres ne pourront être délivrés qu'aux rentiers ayant la pleine et entière disposition de leurs inscriptions.

La délivrance en sera opérée au Trésor public, par voie de transfert ou de mutation, sur les justifications de droit, ou par voie d'échange, sur la déclaration du rentier inscrit, certifiée par un agent de change ou par un notaire (2).

Les inscriptions au porteur pourront, sur la simple remise des titres, être échangées contre des inscriptions nominatives pourvues de coupons.

---

(1) Il n'y a pas d'inscriptions mixtes pour les rentes 4 et 4 1/2 0/0.

(2) Les titres délivrés en vertu de ce décret sont sur papier bleu; on les désigne sous le nom d'*inscriptions mixtes*. Ils ne peuvent être affectés à un cautionnement.

Le montant des coupures de rentes sera déterminé par notre ministre des finances.

Arrêtés du ministre des finances des 6 juillet et 25 novembre 1864.

Art. 1er. Les inscriptions nominatives dont la création est autorisée par le décret du 18 juin 1864, seront des quotités ci-après, savoir :

5 francs de rente; — 10 francs de rente; — 20 francs de rente; — 30 francs de rente; — 50 francs de rente; — 100 francs de rente; — 200 francs de rente; — 300 francs de rente; — 500 francs de rente; — 1,000 francs de rente; — 1,500 francs de rente; — 3,000 francs de rente.

Loi sur les conseils municipaux (24 juillet 1867).

Des attributions des conseils municipaux.

Art. 1er. Les conseils municipaux règlent, par leurs délibérations, les affaires ci-après désignées, savoir:

§ 9. L'acceptation ou le refus de dons ou legs faits à la commune sans charges, conditions ni affectation immobilière, lorsque ces dons et legs ne donnent pas lieu à réclamation.

En cas de désaccord entre le maire et le conseil municipal, la délibération ne sera exécutoire qu'après approbation du préfet.

Loi du 27 juillet 1870.

Minimum des rentes.

Le minimum des coupures de rentes inscriptibles fixé à 5 francs par la loi du 7 juillet 1848 est réduit à 3 francs.

Décret du 31 janvier 1872

Relatif à l'affectation des rentes sur l'État aux cautionnements des comptables.

Art. 1er. Les rentes sur l'État français de toute nature affectées à des cautionnements provisoires ou définitifs envers le Trésor ou les administrations publiques seront calculées à l'avenir, savoir : 1° pour les dépôts provisoires des soumissionnaires de travaux ou fournitures, au cours moyen de la veille du jour où le dépôt des rentes sera effectué ; 2° pour les cautionnements des comptables, au cours moyen du jour de la nomination, et pour les cautionnements des adjudicataires de fournitures ou entreprises, au cours moyen du jour de l'approbation du marché ou de l'adjudication ; 3° pour les autres cautionnements que les parties auront été admises à constituer en rentes sur l'État, au cours moyen du jour de la décision ou de l'arrêté qui les aura autorisées à fournir des garanties de cette nature.

Art. 2. Sont abrogées les dispositions de l'ordonnance du 17 juin 1825, en ce qu'elles ont de contraire au présent décret , sans préjudice de ce qui a été réglé par la loi du 8 juin 1864, en ce qui concerne les cautionnements en rentes des conservateurs des hypothèques.

Note de la Dette inscrite du 8 août 1873.

Titres de rente au porteur perdus.

Les règles admises par le Trésor et confirmées par l'article 16 de la loi du 15 juin 1872 qui traite du remplacement des titres de rentes au porteur, sont basées sur deux avis du Conseil d'État, l'un du 1er février 1822, l'autre du 15 février 1850.

Ces deux avis consacraient ce principe que le Trésor ne doit qu'au titre; mais ils en tempéraient la rigueur en reconnaissant au ministre des finances le droit de remplacer et conséquemment de faire payer ou rembourser dans certaines circonstances et sous sa responsabilité les titres ou effets perdus ou volés, moyennant les justifications et garanties qu'il jugera nécessaires pour mettre le Trésor à l'abri de toute répétition.

La première application de ces principes fut faite en 1850 par M. Fould, alors ministre des finances, sur le rapport de l'agent judiciaire du Trésor.

La marche tracée par cette décision primordiale a été constamment suivie depuis lors et elle vient d'être sanctionnée par la commission législative chargée de l'examen de la loi sur le remplacement des titres au porteur.

Voici les conditions du remplacement des titres de

rentes au porteur perdus ou détruits par un accident quelconque :

Le requérant est tenu de fournir un cautionnement préalable, réalisé en une inscription nominative représentant à la fois le capital des titres à remplacer, et les cinq années d'arrérages que le Trésor pourrait être tenu de payer à celui qui lui produirait les inscriptions perdues si elles venaient à être retrouvées.

L'acte de cautionnement est dressé par l'agent judiciaire du Trésor qui remet à la partie, indépendamment d'un double de l'engagement, un titre spécial, dit *bordereau d'annuel*, sur la présentation duquel sont payés aux échéances ordinaires les arrérages de la rente affectée au cautionnement. Le titre même de cette rente reste en dépôt dans la caisse du Trésor.

La durée du cautionnement était illimitée, parce qu'il résultait de la jurisprudence que le capital des rentes était imprescriptible ; mais l'article 16 de loi du 15 juin 1872 dispose que «ces cautionnements seront restitués, si, dans les vingt ans qui auront suivi, il n'a été formé aucune demande, de la part des tiers porteurs, soit pour les arrérages, soit pour le capital; » et que passé ce délai le Trésor sera définitivement libéré envers le porteur des titres primitifs, sauf l'action personnelle de celui-ci contre la personne qui aura obtenu le duplicata.

Lorsque le cautionnement est constitué, le requérant reçoit une inscription nouvelle dont il est libre de disposer.

Il peut arriver que l'inscription remplacée soit retrouvée ; dans ce cas, si elle est reproduite par le requérant, l'annulation en est opérée aussitôt et le cautionnement est restitué.

Si elle est reproduite et réclamée par un tiers, le Trésor annule la rente affectée au cautionnement qui est devenue sa propriété, et les parties sont renvoyées à se pourvoir devant qui de droit pour la question de propriété que peut soulever entre elles le titre retrouvé.

Le directeur de la Dette inscrite.

Signé : DE GOUTTES.

Cour des comptes. — Séance du 15 juin 1877. — Dot mobilière. — Décision.

Femmes dotales. — La Cour ;

Vu l'observation renvoyée le 22 février dernier par la 1re chambre de la Cour à la chambre du Conseil et les diverses injonctions qui s'y trouvent rappelées ;

Vu la décision de la chambre du Conseil du 12 février 1862 rappelée dans la note présidentielle n° 42, n° 19, page 12 ;

Vu la lettre du ministre des finances du 22 juin 1876 ; vu les articles 529 et 1540 du Code civil ; vu la loi du 28 floréal an VII et notamment l'article 7 ; vu les articles 15 et 16 de l'arrêté du 27 prairial an X, l'avis du Conseil d'État du 7 février 1851, l'article 205 du décret du 31 mai 1862 et la note 42 déjà citée n° 3, page 5 ;

Vu l'arrêté du ministre des finances du 16 décembre 1869, approuvé par décret du 18 du même mois, et

portant règlement des services intérieurs du Ministère des finances section III, Dette inscrite, article 12.

Décide ce qui suit :

Lorsque, comme dans l'espèce, la déclaration de transfert énonce que la femme, au nom de laquelle la rente transférée est inscrite, est mariée sous le régime dotal, sans mentionner de clause prohibitive du droit d'aliéner, la présomption fondée sur les principes du régime dotal et sur une jurisprudence qui n'est plus contestée (1), est que cette rente est aliénable *soit par le mari* maître de la *dot mobilière*, soit par les deux époux conjointement, sous la seule réserve des garanties hypothécaires et des recours ultérieurs que la loi accorde à la femme pour la conservation de sa dot.

Le contrôle judiciaire n'a, en pareil cas, à réclamer ni la production du contrat de mariage, ni d'autres justifications de la disponibilité du titre à l'appui du transfert opéré par l'agent comptable des transferts et mutations, conformément aux prescriptions de la loi du 28 floréal an VII et de l'arrêté du 27 prairial an X, et sous la responsabilité de l'agent de change qui a certifié la déclaration.

Référé au ministre des finances pour répondre à sa

---

(1) *Voir* notamment les arrêts de la Cour de cassation du 1er septembre 1851 et du 16 janvier 1874 (P V, 1851, 1, page 108 — 1874, 1, page 160).

lettre du 22 juin 1876 et lui faire connaître la nouvelle décision de la Cour.

Le premier président,

Signé : DE ROYER.

Circulaire du Mouvement des fonds du 24 décembre 1877

Relative aux procurations à produire à l'appui du transfert des rentes.

..... Les transferts de rentes demandés par l'intermédiaire de la chambre syndicale, pour l'exécution des ordres émanant des trésoreries générales, pourront s'opérer à l'avenir, savoir:

1º En vertu de procurations notariées, en minutes, pour les transferts de rentes au-dessus de 50 francs;

2º Et pour les transferts de 50 francs de rente et au-dessous, sur la production de procurations en brevet ou sous signature privée, non assujetties à la formalité du dépôt, mais dûment certifiées ou légalisées.

Les procurations sous seing privé seront certifiées par le maire, dont la signature sera légalisée par le préfet ou le sous-préfet, suivant l'arrondissement dans lequel l'acte aura été passé.

Loi du 11 juin 1878

qui crée la Dette amortissable par annuités.

(EXTRAITS.)

Art. 1er. Il est institué au grand-livre de la Dette

publique une section spécialement consacrée à la Dette amortissable par annuités.

Art. 2. Seront inscrites à la section du grand-livre de la Dette publique, instituée par l'article 1er les rentes 3 0/0 amortissables en soixante-quinze ans, dont la création et la négociation font l'objet de la présente loi ou seront autorisées par des lois ultérieures.

Art. 3. Tous les priviléges et immunités attachés aux rentes sur l'État sont assurés aux rentes 3 0/0 amortissables.

Ces rentes sont insaisissables, conformément aux dispositions des lois des 8 nivôse an VI et 22 floréal an VII, et pourront être affectées aux remplois et placements spécifiés par l'article 29 de la loi du 26 septembre 1871.

Art. 4. Le taux et l'époque des émissions, la nature, la forme et le modèle de transfert des titres, le mode et les époques d'amortissement et de payement des arrérages ainsi que toutes autres conditions applicables à la Dette amortissable par annuités, seront déterminés par décrets.

Art. 7. Le ministre des finances est autorisé à inscrire au grand-livre de la Dette publique (section de la dette amortissable par annuités) et à aliéner la somme de rentes nécessaire pour produire, déduction faite des frais matériels de l'opération et du premier trimestre d'arrérages à échoir en 1878, des frais d'escompte et de négociation, le capital de 331 millions mentionné dans l'article 5.

Art. 8. Les obligations pour travaux publics dont la création a été autorisée par les articles 7 à 9 de la loi du 29 décembre 1876 seront, à l'avenir, remplacées par des rentes 3 0/0 amortissables, conformément au titre Ier de la présente loi.

Décret du 16 juillet 1878

Relatif à la création et à la négociation de rentes 3 0/0 amortissables par annuités en 75 ans.

Art. 1er. Le ministre des finances procédera, ainsi qu'il est dit ci-après, à la création de la somme de rentes 3 0/0 amortissables en 75 ans, dont l'inscription au grand-livre de la Dette publique a été autorisée par les articles 7 et 8 de la loi du 11 juin 1878.

Art. 2. Le capital au pair des rentes 3 0/0 amortissables à créer en vertu de l'article 1er du présent décret sera divisé en 175 séries remboursables annuellement par la voie du sort en 75 ans, conformément au tableau d'amortissement ci-joint qui sera reproduit sur chacun des titres émis.

Les tirages auront lieu le 1er mars de chaque année, le premier tirage devant être effectué le 1er mars 1879, et le remboursement du capital sera exigible à partir de l'échéance du coupon qui suit chaque tirage.

Les arrérages de rentes 3 0/0 amortissables seront payables aux époques des 16 janvier, 16 avril, 16 juillet et 16 octobre de chaque année.

Les arrérages de rentes appartenant à la série désignée par le sort pour le remboursement en capital cesseront de courir à dater de l'échéance de ce remboursement, et le capital ne sera tenu à la disposition de l'ayant droit que sous la retenue des coupons non échus qui auraient été détachés du titre au porteur appelé au remboursement.

Art. 3. Le minimum de rente 3 0/0 amortissable inscriptible est fixé à 15 francs.

Les inscriptions de rente seront, au choix des parties, nominatives ou au porteur.

Les inscriptions nominatives seront délivrées pour toute somme de 15 francs et les multiples de 15 francs.

	SÉRIES.		ANS.
1 série par an . . .	29	De 1879 à 1907. . . .	29
2 séries par an. . .	36	De 1908 à 1925. . .	18
3 séries par an. . .	39	De 1826 à 1938. . .	13
4 séries par an. . .	28	De 1939 à 1945. . .	7
5 séries par an. . .	25	De 1946 à 1950. . .	5
6 séries par an. . .	18	De 1951 à 1953. . .	3
	175		75

Loi du 27 février 1880

Relative à l'aliénation des valeurs appartenant aux mineurs et aux interdits.

Art. 1er. Le tuteur ne pourra aliéner, sans y être autorisé préalablement par le conseil de famille, les rentes, actions, parts d'intérêts, obligations et autres meubles incorporels quelconques appartenant au mineur ou à l'interdit.

Le conseil de famille, en autorisant l'aliénation, prescrira les mesures qu'il jugera utiles.

Art. 2. Lorsque la valeur des meubles incorporels à aliéner dépassera, d'après l'appréciation du conseil de famille, quinze cents francs (1,500 fr.) en capital, la délibération sera soumise à l'homologation du tribunal qui statuera en la chambre du conseil, le ministère public entendu, le tout sans dérogation à l'article 883 du Code de procédure civile.

Dans tous les cas, le jugement rendu sera en dernier ressort.

Art. 3. L'aliénation sera opérée par le ministère d'un agent de change, toutes les fois que les valeurs seront négociables à la Bourse, au cours moyen du jour.

Art. 4. Le mineur émancipé au cours de la tutelle, même assisté de son curateur, devra observer, pour l'aliénation de ses meubles incorporels, les formes ci-dessus prescrites à l'égard du mineur non émancipé.

Cette disposition ne s'applique pas au mineur émancipé par le mariage.

Art. 5. Le tuteur devra, dans les trois mois qui suivront l'ouverture de la tutelle, convertir en titres nominatifs les titres au porteur appartenant au mineur ou à l'interdit, et dont le conseil de famille n'aurait pas jugé l'aliénation nécessaire ou utile.

Il devra également convertir en titres nominatifs les titres au porteur qui adviendraient au mineur ou à l'interdit, de quelque manière que ce fût, et ce dans le même délai de trois mois à partir de l'attribution définitive ou de la mise en possession de ces valeurs.

Le conseil de famille pourra fixer pour la conversion un terme plus long.

Lorsque, soit par leur nature, soit à raison de conventions, les valeurs au porteur ne seront pas susceptibles d'être converties en titres nominatifs, le tuteur devra, dans les trois mois, obtenir du conseil de famille l'autorisation, soit de les aliéner avec emploi, soit de les conserver ; dans ce dernier cas, comme dans celui prévu par le paragraphe précédent, le conseil pourra prescrire le dépôt des titres au porteur, au nom du mineur ou de l'interdit, soit à la Caisse des dépôts et consignations, soit entre les mains d'une personne ou d'une société spécialement désignée.

Les délais ci-dessus ne seront applicables que sous la réserve des droits des tiers et des conventions préexistantes.

Art. 6. Le tuteur devra faire emploi des capitaux appartenant au mineur ou à l'interdit, ou qui leur adviendraient par succession ou autrement, et ce dans le délai de trois mois, à moins que le conseil ne fixe un délai plus long, auquel cas il pourra en ordonner le dépôt, comme il est dit en l'article précédent.

Les règles prescrites par les articles ci-dessus, et par l'article 455 du Code civil seront applicables à cet emploi.

Les tiers ne seront, en aucun cas, garants de l'emploi.

Art. 7. Le subrogé tuteur devra surveiller l'accomplissement des formalités prescrites par les articles précédents. Il devra, si le tuteur ne s'y conforme pas, provoquer la réunion du conseil de famille, devant lequel le tuteur sera appelé à rendre compte de ses actes.

Art. 8. Les dispositions de la présente loi sont applicables aux valeurs mobilières appartenant aux mineurs et aliénés placés sous la tutelle soit de l'administration de l'Assistance publique, soit des administrations hospitalières.

Le conseil de surveillance de l'administration de l'assistance publique et les commissions administratives rempliront à cet effet les fonctions attribuées au conseil de famille. Les dispositions de la présente loi sont également applicables aux administrateurs provisoires des biens des aliénés, nommés en exécution de la loi du 30 juin 1838.

Art. 9. Les tuteurs entrés en fonctions et les mineurs émancipés antérieurement à la présente loi seront tenus de s'y conformer. Les délais courront pour eux à partir de la promulgation.

Art. 10. La conversion de tous titres nominatifs en titres au porteur est soumise aux mêmes conditions et formalités que l'aliénation de ces titres.

Art. 11. Les dispositions de la présente loi sont applicables à l'Algérie et aux colonies de la Martinique, de la Guadeloupe et de la Réunion. Les délais, en ce qui concerne ces colonies, seront, quand il y aura lieu, augmentés des délais supplémentaires fixés, à raison des distances, par la loi du 3 mai 1862.

Art. 12. La loi du 24 mars 1806 et le décret du 25 septembre 1813 sont abrogés.

Sont également abrogées toutes les dispositions de lois qui seraient contraires à la présente loi.

RENTE 3 O/O AMORTISSABLE EN 75 ANS

ÉMISSION DE 1878

CAPITAL EMPRUNTÉ : 439,878,545 francs. — RENTE INSCRITE : 16,495,500 francs.

Intérêts et amortissement de 1879 à 1953

ANNÉES.	CAPITAL nominal à amortir.	CAPITAL amorti. (1)	INTÉRÊTS.	MONTANT de la dépense annuelle.
1879	549.850.000	3.142.000	16.448.370	19.590.370
1880	546.708.000	3.142.000	16.354.110	19.496.110
1881	543.566.000	3.142.000	16.259.850	19.401.850
1882	540.424.000	3.142.000	16.165.590	19.307.590
1883	537.282.000	3.142.000	16.071.330	19.213.330
1884	534.140.000	3.142.000	15.977.070	19.119.070
1885	530.998.000	3.142.000	15.882.810	19.024.810
1886	527.856.000	3.142.000	15.788.550	18.930.550
1887	524.714.000	3.142.000	15.694.290	18.836.290
1888	521.572.000	3.142.000	15.600.030	18.742.030
1889	518.430.000	3.142.000	15.505.770	18.647.970
1890	515.288.000	3.142.000	15.411.510	18.553.510
1891	512.146.000	3.142.000	15.317.250	18.459.250
1892	509.004.000	3.142.000	15.222.990	18.364.990
1893	505.862.000	3.142.000	15.128.730	18.270.730
1894	502.720.000	3.142.000	15.034.470	18.176.470
1895	499.578.000	3.142.000	14.940.210	18.082.210
1896	496.436.000	3.142.000	14.845.950	17.987.950
1897	493.294.000	3.142.000	14.751.690	17.893.690
1898	490.152.000	3.142.000	14.657.430	17.799.430
1899	487.010.000	3.142.000	14.563.170	17.705.170
1900	483.868.000	3.142.000	14.468.910	17.610.910
1901	480.726.000	3.142.000	14.374.650	17.516.650
1902	477.584.000	3.142.000	14.280.390	17.422.390
A reporter...		75.408.000	368.745.120	444.153.260

ANNÉES.	CAPITAL nominal à amortir.	CAPITAL amorti. (1)	INTÉRÊTS.	MONTANT de la dépense annuelle.
Report.....		75.408.000	368.745.120	444.153.260
1903	474.442.000	3.142.000	14.189.130	17.328.130
1904	471.300.000	3.142.000	14.091.870	17.233.870
1905	468.158.000	3.142.000	13.997.610	17.139.610
1906	465.016.000	3.142.000	13.903.350	17.045.350
1907	461.874.000	3.142.000	13.809.090	16.951.090
1908	458.732.000	6.284.000	13.667.700	19.951.700
1909	452.418.000	6.284.000	13.479.180	19.763.180
1910	446.164.000	6.284.000	13.290.660	19.574.660
1911	439.880.000	6.284.000	13.102.140	19.386.140
1912	433.596.000	6.284.000	12.913.620	19.197.620
1913	427.312.000	6.284.000	12.725.100	19.009.100
1914	421.028.000	6.284.000	12.536.580	18.820.580
1915	414.744.000	6.284.000	12.348.060	18.632.060
1916	408.460.000	6.284.000	12.159.540	18.443.540
1917	402.176.000	6.284.000	11.971.020	18.255.020
1918	395.892.000	6.284.000	11.782.500	18.066.500
1919	389.608.000	6.284.000	11.593.980	17.877.980
1920	383.324.000	6.284.000	11.405.460	17.689.460
1921	377.040.000	6.284.000	11.216.940	17.500.940
1922	370.756.000	6.284.000	11.028.420	17.312.420
1923	364.472.000	6.284.000	10.839.900	17.123.900
1924	358.188.000	6.284.000	10.651.380	16.935.380
1925	351.904.000	6.284.000	10.462.860	16.746.860
1926	345.620.000	9.426.000	10.227.210	19.653.210
1927	336.194.000	9.426.000	9.944.430	19.370.420
1928	326.768.000	9.426.000	9.661.650	19.087.650
1929	317.342.000	9.426.000	9.378.870	18.804.870
1930	307.916.000	9.426.000	9.096.090	18.522.090
1931	298.490.000	9.426.000	8.813.310	18.239.310
1932	289.064.000	9.426.000	8.530.530	17.956.530
1933	279.638.000	9.426.000	8.247.750	17.673.750
A reporter...		279.638.000	729.808.050	909.446.180

ANNÉES.	CAPITAL nominal à amortir.	CAPITAL amorti. (1)	INTÉRÊTS.	MONTANT de la dépense annuelle.
Report.....	279.638.000	729.808.050		909.446.180
1934	270.212.000	9.426.000	7.964.970	17.390.970
1935	260.786.000	9.426.000	7.682.190	17.108.190
1936	251.360.000	9.426.000	7.399.410	16.825.410
1937	241.934.000	9.426.000	7.116.630	16.542.630
1938	232.508.000	9.426.000	6.833.850	16.259.850
1939	223.082.000	12.568.000	6.503.940	19.071.940
1940	210.514.000	12.568.000	6.126.900	18.694.900
1941	197.946.000	12.568.000	5.749.860	18.317.860
1942	185.378.000	12.568.000	5.372.820	17.940.820
1943	172.810.000	12.568.000	4.995.780	17.563.780
1944	160.242.000	12.568.000	4.618.740	17.186.740
1945	142.674.000	12.568.000	4.241.700	16.809.700
1946	135.106.000	15.710.000	3.817.530	19.527.830
1947	119.396.000	15.710.000	3.346.230	19.056.230
1948	103.686.000	15.710.000	2.874.930	18.584.930
1949	87.976.000	15.710.000	2.403.630	18.113.630
1950	72.226.000	15.710.000	1.932.330	17.642.330
1951	56.556.000	18.852.000	1.413.900	20.265.900
1952	37.704.000	18.852.000	848.340	19.700.340
1953	18.852.000	18.852.000	282.780	19.134.780
TOTAUX.....		549.850.000	821.334.810	1.371.184.510

(1) Le remboursement a lieu chaque année à partir du 16 avril.

Extraits du règlement de la compagnie des agents de change.

Des droits et des obligations des agents de change.

.Art. 65. Les agents de change sont personnellement responsables de leurs opérations envers leurs confrères.

Art. 66. Dans les négociations à terme des effets transférables et au porteur, l'échéance de ces marchés rendant leur règlement obligatoire le 1er ou le 16 de chaque mois, le client doit avoir remis ledit jour, avant la Bourse, à son agent de change, l'argent nécessaire pour le payement des effets qu'il a achetés, ou les effets nécessaires pour opérer la livraison de ceux qu'il a vendus.

A défaut par le client d'avoir rempli ces conditions, l'agent de change a le droit de revendre ou de racheter ledit jour les effets mentionnés dans les engagements, aux périls, risques et frais du client en retard.

Dans les négociations à primes, si, après l'heure de la réponse, le client n'a pas rempli les conditions mentionnées au premier paragraphe du présent article, l'agent de change a contre lui les mêmes droits.

Art. 72. Les agents de change ne sont responsables que des sommes ou des titres remis directement à leurs caisses.

Ils ne sont engagés par leur correspondance qu'autant qu'elle est signée par eux ou par leurs fondés de pouvoirs.

Art. 74. Les agents de change doivent garder un secret inviolable aux personnes qui les chargent de négociations, à moins que les parties ne consentent à être nommées ou que la nature de l'opération ne l'exige.

Sans préjudice du droit d'examen et d'investigations complètes qui appartient à la chambre syndicale.

Il n'est dérogé à cette règle que pour les renseignements demandés par la justice.

Art. 75. La loi attribue aux agents de change un droit de 1/4 0/0, payable par le vendeur, et autant par l'acquéreur.

Néanmoins, chaque année, la chambre syndicale arrête le minimum des courtages qui doivent être perçus pour les opérations au comptant et à terme.

Un tableau est adressé à chaque membre de la compagnie qui est tenu de s'y conformer.

Négociations et livraisons. — Dispositions générales.

Art. 83. Aux termes de la loi, les agents de change ont seuls le droit de faire, avec l'assistance de leurs commis principaux, les négociations d'effets publics et autres susceptibles d'être cotés, soit au comptant, soit à terme (1).

Art. 84. Ces négociations sont faites avec concurrence et publicité, à la Bourse, par des agents de

---

(1) Les contrevenants sont punis conformément à la loi du 28 ventôse an IX (19 mars 1801), titre II, article 8.

change, soit qu'ils traitent entre eux, soit qu'ils traitent de client à client.

Art. 85. L'agent de change qui offre doit dire à quel prix il offre; l'agent de change qui demande doit dire, en réponse, à quel prix il demande.

Art. 86. Toutes les opérations des agents de change doivent être portées sur le carnet indiqué par l'article 215, au moment où elles sont faites, et ensuite rapportées sur un journal timbré, conformément à la loi.

Art. 87. Lorsqu'une erreur est reconnue sur une affaire contractée entre deux agents de change, le résultat en est partagé; mais toute affaire écrite par un agent de change et non écrite par son confrère concerne seulement celui qui l'a écrite.

Art. 95. Les effets transmissibles par voie de transfert, négociés au comptant, peuvent être livrés par le vendeur dès le lendemain de la remise des noms ou acceptations. Ils doivent l'être avant la sixième Bourse qui suit celle de la négociation (conformément au tableau ci-après), sur la présentation d'un bordereau contenant les indications relatées dans l'article 91 ci-dessus :

DÉLAIS CONCERNANT LE VENDEUR.	DÉLAIS CONCERNANT L'ACHETEUR.
1er jour de Bourse : Négociation. 2e id. Avant la Bourse, réception des noms ou acceptations.	1er jour de Bourse : Négociation. 2e id. Avant la Bourse, remise des noms ou acceptations. Le vendeur peut livrer dès le lendemain de la remise des noms ou acceptations.
3e id. Livraison.	Si l'agent de change acheteur n'a pas, le troisième jour après la négociation, remis ses noms ou acceptations ou ceux de son client, l'agent de change vendeur est en droit de déposer la feuille de transfert signée et remplie aux noms de son confrère acheteur à la chambre syndicale.
4e id. id.	Un visa est apposé sur cette feuille, et le lendemain, c'est-à-dire à partir du quatrième jour de Bourse après la négociation, l'acheteur est tenu de prendre livraison et d'acquitter le montant de la négociation sur la remise des titres accompagnés de la feuille de transfert visée ainsi qu'il vient d'être dit.
5e id. id.	
6e id. id.	
7e id Affiche de rachat.	A défaut de payement contre la présentation des titres, affiche de revente le jour même et revente le lendemain.
8e id. Rachat.	

Art. 96. Un titre appelé au remboursement cesse d'être négociable du jour du tirage.

Art. 97. Les négociations de titres susceptibles de tirage ou donnant droit à une souscription ou autre avantage quelconque, doivent, d'après les délais ordinaires pour les livraisons, être suspendues, savoir :

Le cinquième jour avant le tirage ou la clôture de la souscription, s'il s'agit d'effets au porteur ;

Le septième jour avant la même époque, s'il s'agit de valeurs nominatives.

Toutefois, et pour faciliter les transactions, il est permis de traiter durant cet intervalle, suivant conventions particulières.

Art. 100. Les agents de change seuls peuvent être chargés de la vente d'effets cotés ou susceptibles d'être cotés, réalisés en vertu de la loi du 23 mai 1863 sur le gage.

Ils doivent procéder comme il a été dit aux articles 98 et 99, après s'être fait justifier d'une mise en demeure régulière signifiée au débiteur huit jours au moins avant la vente.

Dans ce cas, aucune autorisation judiciaire n'est nécessaire.

Marchés à terme et à prime.

Art. 103. Les négociations à terme d'effets publics ou particuliers, au porteur ou transmissibles par la voie du transfert, ne peuvent avoir lieu pour un terme plus éloigné que la deuxième liquidation, à partir du jour où le marché est conclu.

Art. 104. L'acheteur a toujours la faculté de se faire livrer à sa volonté et par anticipation les effets vendus contre le payement du prix convenu.

Art. 106. Les marchés à terme et les engagements qui les expriment se font par les sommes et quantités ci-après pour chaque espèce d'effets et leurs multiples :

2,500 fr.   Rente 5 0/0
2,250 fr.   —   4 1/2 0/0
2,000 fr.   —   4 0/0
1,500 fr.   —   3 0/0
25 actions ou obligations.

La chambre syndicale détermine les multiples de négociation pour les valeurs étrangères.

Art. 107. A la Bourse qui précède la liquidation de quinzaine et le dernier jour de Bourse de chaque mois, à une heure et demie, les acheteurs d'effets à prime pour chaque échéance font connaître à leurs vendeurs s'ils entendent lever lesdits effets ou abandonner la prime.

Cette réponse des primes s'effectue dans le délai de cinq minutes, pendant lequel toutes les autres opérations sont suspendues. Les marchés à prime deviennent des marchés fermes, après que l'acheteur a déclaré qu'il entend lever la prime.

Immédiatement après la réponse des primes, les commis des agents de change s'assemblent dans leur cabinet pour pointer toutes les affaires relatives à cette réponse.

Des rachats et reventes officiels.

Art. 128. En cas de non payement contre la présentation des titres dûment négociés, la revente peut en être faite le jour même, sans affiche, par l'adjoint de service, à la requête de l'agent vendeur.

Art. 129. En cas de non livraison des effets, une affiche, visée par le syndic ou l'un des adjoints, est apposée, avant la Bourse, dans le cabinet des agents de change :

1° A la quatrième Bourse qui suit celle de la négociation, quand il s'agit d'effets au porteur ;

2° A la sixième Bourse qui suit celle de la négociation, quand il s'agit d'effets transmissibles par voie de transfert.

Le rachat est opéré le lendemain par l'adjoint de service, à la requête de l'agent acheteur, le tout en conformité des tableaux qui figurent aux articles 91 et 95. L'affiche mentionne la quotité des effets, le prix et la date de la négociation.

Des livraisons, oppositions et payements.

Art. 132. Les effets au porteur cotés ou paraphés ne sont pas négociables, lors même qu'ils porteraient la mention d'annulation de ces deux inscriptions.

L'acheteur a toujours le droit de rendre à son vendeur un titre coté et paraphé, lorsqu'il peut établir que la cote et le paraphe ont été apposés avant la date de la livraison qui lui a été faite.

Art. 141. Aucun titre ne peut circuler, s'il n'est muni d'un coupon au moins, à moins d'autorisation de la chambre syndicale.

Art. 142. Le coupon échu demeuré impayé doit rester attaché au titre.

Art. 143. La cote seule fixe les détachements de coupons au point de vue des négociations et des livraisons. Peu importe l'époque où le payement a effectivement commencé.

Art. 144. Les bordereaux de clients doivent être sur timbre, conformément à la loi.

Art. 145. Le même bordereau peut comprendre, soit plusieurs opérations d'achats et ventes sur différentes valeurs, soit les opérations faites à des dates différentes pour l'exécution d'un même ordre, pourvu que ce soit pour la même personne et que le timbre corresponde au prix totalisé de toutes ces opérations.

Art. 147. Les bordereaux concernant les opérations faites par les sociétés de secours mutuels, la caisse d'amortissement, etc., sont exempts du droit de timbre.

Art. 152. Les agents de change ne sont pas tenus de se livrer entre eux les numéros mêmes des titres qu'ils ont été chargés de négocier pour leurs clients. Leur obligation se borne à livrer à l'acheteur des titres de même nature en nombre égal et se trouvant dans des conditions absolument identiques.

Cote du cours des valeurs.

Art. 155. La chambre syndicale, sous l'autorité du ministre des finances, a tout pouvoir pour accorder, refuser, suspendre ou interdire la négociation d'une valeur autre que les fonds d'État français, à la Bourse de Paris, soit au comptant, soit à terme.

Elle se fait remettre, à cet effet, toutes les pièces, justifications et renseignements qu'elle juge nécessaires.

Art. 156. Lorsqu'il est reconnu par la chambre syndicale que la cote d'une valeur est commandée par l'intérêt général, elle peut, d'office, prononcer son admission au comptant et à terme.

Art. 158. Tous les cours faits au comptant par deux agents de change doivent être annoncés à l'instant même aux personnes à ce préposées, et être inscrits immédiatement par elles sur la minute de la cote. Chaque agent de change a le droit de demander, quand un cours a été coté, par qui et avec qui il a été fait.

Art. 159. Les variations des cours des marchés au comptant ne peuvent être exprimées que : par 2 centimes 1/2 ou les multiples sur les rentes ; — par 1 fr. 25 c. ou les multiples sur les actions au-dessus de 300 francs ; par 25 centimes ou les multiples sur toutes les obligations, de quelque nature qu'elles soient, quels qu'en soient les cours, et sur les actions dont le cours est de 300 francs et au-dessous ; — par 1/16 ou les multiples sur les valeurs pour lesquelles le système décimal n'est pas usité.

Art. 160. Les variations des cours des marchés à terme ne peuvent être exprimées que : par 2 centimes 1/2 ou les multiples sur les rentes ; — par 1 fr. 25 c. ou les multiples sur les actions et les obligations ; — par 1/16 ou les multiples sur les fonds étrangers pour lesquels le système décimal n'est pas usité.

Art. 162. — Les variations des cours de reports ne peuvent être exprimées que par 1 centime ou les multiples sur les rentes ; — par 5 centimes ou les multiples sur les actions et obligations ; — par 1/32 ou les multiples sur les fonds étrangers pour lesquels le système décimal n'est pas usité.

Art. 164. La cote à terme doit indiquer les premiers et derniers cours, ainsi que les cours extrêmes en hausse et en baisse auxquels des marchés ont été conclus.

Art. 167. Immédiatement après la clôture du parquet, il est dressé un tableau donnant le cours moyen de tous les effets cotés au comptant pendant la Bourse.

Ce tableau est, par les soins de la chambre syndicale, affiché dans le cabinet des commis et dans l'intérieur de la Bourse.

Art. 168. Ce cours moyen est définitif. Il ne peut être modifié que dans le seul cas d'une erreur matérielle, après qu'elle a été soumise à l'examen des adjoints de service.

Art. 169. Aucunes rectifications ne peuvent être faites après la publication de la cote que pour les cours omis. Ces rectifications doivent être autorisées par les adjoints de service.

Elles ne peuvent pas modifier le cours moyen du jour auquel elles se rapportent.

Art. 174. Ils sont chargés de fixer, à chaque détachement de coupon des effets pour lesquels le change est variable, le prix auquel les coupons doivent être calculés, en prenant pour base le cours moyen du change pendant les quinze jours qui ont précédé l'échéance.

Cette fixation une fois arrêtée, un avis signé par le président de la commission est affiché dans le cabinet de la compagnie et dans l'intérieur de la Bourse.

Art. 176. La liquidation ou compensation des affaires engagées à terme se fait :

Une fois par mois pour tous les fonds d'État français, les actions de la Banque de France, du Crédit foncier de France et des chemins de fer français.

Deux fois par mois pour toutes les autres valeurs.

Note indicative de la marche à suivre pour les opérations confiées à la chambre syndicale.

La chambre syndicale des agents de change de Paris ne peut accepter et exécuter les ordres d'achats ou de ventes, pour le compte des habitants des départements, qu'autant qu'il est entièrement satisfait aux conditions suivantes :

Les opérations ne peuvent avoir pour objet que les valeurs et fonds d'État français ;

Les ordres et mandats doivent être donnés à « M. le syndic des agents de change de Paris ou son adjoint en exercice ».

Ils ne peuvent être acceptés et exécutés qu'autant qu'ils parviennent par la voie administrative des trésoreries générales et des recettes particulières ; et toute correspondance s'y rattachant ne peut être échangée que par la même voie.

Conformément à l'ordonnance royale du 5 mars 1823 et à la circulaire du Mouvement général des fonds du 24 décembre 1877, les procurations doivent être nécessairement notariées et en minute pour les rentes ou fractions de rentes supérieures à 50 francs. — Pour celles de 50 francs et au-dessous, elles peuvent être en brevet et même sous seing privé ; mais, pour ces dernières, il faut qu'elles soient acceptées en cette forme par MM. les trésoriers-payeurs généraux. — Dans ce cas, il suffit qu'elles soient enregistrées et légalisées par le maire du domicile des mandants, et la signature du maire doit être elle-même légalisée par le préfet ou le sous-préfet, suivant l'arrondissement dans lequel l'acte aura été passé. Les trésoreries générales et les recettes particulières ont à la disposition des intéressés des formules imprimées de ces procurations.

Le règlement des opérations, ainsi faites par la chambre syndicale, s'opère par l'intermédiaire du Trésor, à l'aide du compte courant de M. le trésorier-payeur général qui a transmis l'ordre. Tout autre mode est formellement interdit.

Si ces conditions ne peuvent être remplies, les intéressés doivent s'adresser directement à un agent de change de Paris.

TABLEAUX DE PARITÉ

DES RENTES

3, 4 1/2 et 5 0/0.

FORMULE : $\quad$ Taux réel de l'intérêt $= \dfrac{100 \times (\text{taux fictif de la rente})}{\text{Capital}}$

EXEMPLE : $\quad \dfrac{100 \times 3\ 0/0}{75} = 4\ 0/0$ (taux réel de l'argent)

16.

PARITÉ DES RENTES

3 %	4 1/2 %	5 %	TAUX de L'INTÉRÊT	3 %	4 1/2 %	5 %	TAUX de L'INTÉRÊT
49. »	73.50	81.67	6.12	50.15	75.22	83.58	5.98.2
49.05	73.57	81.75	6.11.6	50.20	75.30	83.67	5.97.6
49.10	73.65	81.83	6.11	50.25	75.37	83.75	5.97
49.15	73.72	81.92	6.10.4	50.30	75.45	83.83	5.96.4
49.20	73.80	82. »	6.09.7	50.35	75.52	83.92	5.95.8
49.25	73.87	82.08	6.09.1	50.40	75.60	84. »	5.95.2
49.30	73.95	82.17	6.08.5	50.45	75.67	84.08	5.94.7
49.35	74.02	82.25	6.07.9	50.50	75.75	84.17	5.94.1
49.40	74.10	82.33	6.07.3	50.55	75.82	84.25	5.93.5
49.45	74.17	82.42	6.06.7	50.60	75.90	84.33	5.92.9
49.50	74.25	82.50	6.06.1	50.65	75.97	84.42	5.92.3
49.55	74.32	82.58	6.05.5	50.70	76.05	84.50	5.91.7
49.60	74.40	82.67	6.04.8	50.75	76.12	84.58	5.91.1
49.65	74.47	82.75	6.04.2	50.80	76.20	84.67	5.90.6
49.70	74.55	82.83	6.03.6	50.85	76.27	84.75	5.90
49.75	74.62	82.92	6.03	50.90	76.35	84.83	5.89.6
49.80	74.70	83. »	6.02.4	50.95	76.42	84.92	5.88.8
49.85	74.77	83.08	6.01.8	51. »	76.50	85. »	5.88.2
49.90	74.85	83.17	6.01.2	51.05	76.57	85.08	5.87.6
49.95	74.92	83.25	6.00.6	51.10	76.65	85.17	5.87.1
50. »	75. »	83.33	6. »	51.15	76.72	85.25	5.86.5
50.05	75.07	83.42	5.99.4	51.20	76.80	85.33	5.85.9
50.10	75.15	83.50	5.98.8	51.25	76.87	85.42	5.85.4

3 %	4 1/2 %	5 %	TAUX de L'INTÉRÊT	3 %	4 1/2 %	5 %	TAUX de L'INTÉRÊT
51.30	76.95	85.50	5.84.8	52.65	78.97	87.75	5.69.8
51.35	77.02	85.58	5.84.2	52.70	79.05	87.83	5.69.3
51.40	77.10	85.67	5.83.6	52.75	79.12	87.92	5.68.7
51.45	77.17	85.75	5.83.1	52.80	79.20	88. »	5.68.2
51.50	77.25	85.83	5.82.5	52.85	79.27	88.08	5.67.6
51.55	77.32	85.92	5.82	52.90	79.35	88.17	5.67.1
51.60	77.40	86. »	5.81.4	52.95	79.42	88.25	5.66.6
51.65	77.47	86.08	5.80.8	53. »	79.50	88.33	5.66.
51.70	77.55	86.17	5.80.3	53.05	79.57	88.42	5.65.5
51.75	77.62	86.25	5.79.7	53.10	76.65	88.50	5.65
51.80	77.70	86.33	5.79.1	53.15	79.72	88.58	5.64.4
51.85	77.77	86.42	5.78.6	53.20	79.80	88.67	5.63.9
51.90	77.85	86.50	5.78	53.25	79.87	88.75	5.63.4
51.95	77.92	86.58	5.77.5	53.30	79.95	88.83	5.62.8
52. »	78. »	86.67	5.76.9	53.35	80.02	88.92	5.62.3
52.05	78.07	86.75	5.76.4	53.40	80.10	89. »	5.61.8
52.10	78.15	86.83	5.75.8	53.45	80.17	89.08	5.61.3
52.15	78.22	86.92	5.75.3	53.50	80.25	89.17	5.60.7
52.20	78.30	87.	5.74.7	53.55	80.32	89.25	5.60.2
52.25	78.37	87.08	5.74.2	53.60	80.40	89.33	5.59.7
52.30	78.45	87.17	5.73.6	53.65	80.47	89.42	5.59.2
52.35	78.52	87.25	5.73.1	53.70	80.55	89.50	5.58.7
52.40	78.60	87.33	5.72.5	53.75	80.62	09.58	5.58.1
52.45	78.67	87.42	5.72	53.80	80.70	89.67	5.57.6
52.50	78.75	87.50	5.71.4	53.85	80.77	89.75	5.57.1
52.55	78.82	87.58	5.70.9	53.90	80.85	89.83	5.56.6
52.60	78.90	87.67	5.70.3	53.95	80.92	89.92	5.56.1

3 %	4 ½ %	5 %	TAUX de l'INTÉRÊT	3 %	4 ½ %	5 %	TAUX de l'INTÉRÊT
54. »	81. »	90. »	5.55.6	55.40	83.10	92.33	2.41.5
54.05	81.07	90.08	5.55	55.45	83.17	92.42	5.41
54.10	81.15	90.17	5.54.5	55.50	83.25	92.50	5.40.5
54.15	31.22	90.25	5.54	55.55	83.32	92.58	5.40.1
54.20	81.30	90.33	5.53.5	55.60	83.40	92.67	5.39.6
54.25	81.37	90.42	5.53	55.65	83.47	92.75	5.39.1
54.30	81.45	90.50	5.52.5	55.70	83.55	92.83	5.38.6
54.35	81.52	90.58	5.52	55.75	88.62	92.92	5.38.1
54.40	81.60	90.67	5.51.5	55.80	83.70	93. »	5.37.6
54.45	81.67	90.75	5.51	55.85	83.77	93.08	5.37.1
4.50	81.75	90.83	5.50.5	55.90	83.85	93.17	5.36.7
54.55	81.82	90.92	5.50	55.95	83.92	93.25	5.36.2
54.60	81.90	91. »	5.49.4	56. »	84. »	93.33	5.35.7
54.65	81.97	91.08	5.48.9	56.05	84.07	93.42	5.35.2
54.70	82.05	91.17	5.48.4	56.10	84.15	93.50	5.34.8
54.75	82.12	91.25	5.47.9	56.15	84.22	93.58	5.34.3
54.80	82.20	91.33	5.47.4	56.20	84.30	93.67	5.33.8
54.85	82.27	91.42	4.46.9	56.25	84.37	93.75	5.53.3
54.90	82.35	91.50	5.46.4	56.30	84.45	93.83	5.32.9
54.95	82.42	91.58	5.45.9	56.35	84.52	93.92	5.32.4
55. »	82.50	91.67	5.45.5	56.40	84.60	94. »	5.31.9
54.05	82.57	91.75	5.44.9	56.45	84.67	94.08	5.31.4
55.10	82.65	91.83	5.44.5	56.50	84.75	94.17	5.31
55.15	82.72	91.92	5.44	56.55	84.82	94.25	5.30.5
55.20	82.80	92. »	5.43.5	56.60	84.90	94 33	5.30
55.25	82.87	92.08	5.43	56.65	84.97	94.42	5.29.6
55.30	82.95	92.17	5.42.5	56.70	85.05	94.50	5.29.1
55.35	83.02	92.25	5.42	56.75	85.12	95.58	5.28.6

3 %	4 1/2 %	5 %	TAUX de L'IN-TÉRÊT	3 %	4 1/2 %	5 %	TAUX de L'IN-TÉRÊT
56.80	85.20	94.67	5.28.2	58.20	87.30	97. »	5.15.5
56.85	85.27	94.75	5.27.7	58.25	87.37	97.08	5.15
56.90	85.35	94.83	5.27.2	58.30	87.45	97.17	5.14.6
56.95	85.42	94.92	5.26.8	58.35	87.52	97.25	5.14.1
57. »	85.50	95. »	5.26.3	58.40	87.60	97.33	5.13.7
57.05	85.57	95.08	5.25.8	58.45	87.67	97.42	5.13.3
57.10	85.65	95.17	5.25.4	58.50	87.75	97.50	5.12.8
57.15	85.72	95.25	5.24.9	58.55	87.82	97.58	5.12.4
57.20	85.80	95.33	5.24.5	58.60	87.90	97.67	5.11.9
57 25	85.87	95.42	5.24	58.65	87.97	97.75	5.11.5
57.30	85.95	95.50	5.23.6	58.70	88.05	97.83	5.11.1
57 35	86.02	95.58	5.23.1	58.75	88.12	97.92	5.10.6
57.40	86.10	95.67	5.22.6	58.80	88.20	98. »	5.10.2
57.45	86.17	95.75	5.22.2	58.85	88.27	98.08	5.09.8
57.50	86.25	95.83	5.21.7	58,90	88.35	98.17	5.09.3
57.55	86.32	95.92	5.21.3	58.95	88.42	97.25	5.08.9
57.60	86.40	96. »	5.20.8	59. »	88.50	98.33	5.08.5
57 65	86.47	96.08	5.20.4	59.05	88.57	98.42	5.08
57.70	86.55	96.17	5.19.9	59.10	88.65	98.50	5.07.6
57.75	86.62	96.25	5.19.5	59.15	88.72	98.58	5.07.2
57.80	86.70	96.33	5.19	59.20	88.80	98.67	5.06.8
57.85	81.77	96.42	5.18.6	59.25	88.87	98.75	5.06.3
57.90	86.85	96.50	5.18.1	59.30	88.95	98.83	5.05.9
57.95	86.92	96.58	5.17.7	59.35	89.02	98.92	5.05.5
58. »	87. »	96.67	5.17.2	59.40	89.10	99. »	5.05
58.05	87.07	96.75	5.16.8	59.45	89.17	99.08	5.04.6
58.10	87.15	96.83	5.16.3	59.50	89.25	99.17	5.04.2
58.15	87.22	96.92	5.15.9	59.55	89.32	90.25	5.03.8

3 %	4 ½ %	5 %	TAUX de L'INTÉRÊT	3 %	4 ½ %	5 %	TAUX de L'INTÉRÊT
59.60	89.40	99.33	5.03.3	61. »	91.50	101.67	4.91.8
59.65	89.47	99.42	5.02.9	61.05	91.57	101.75	4.91.4
59.70	89.55	99.50	5.02.5	61.10	91.65	101.83	4.91
59.75	89.62	99.58	5.02.1	61.15	91.72	101.92	4.90.6
59.80	89.70	99.67	5.01.7	61.20	91.80	102. »	4.90.2
59.85	89.77	99.75	5.01.3	61.25	91.87	102.08	4.89.8
59.90	89.85	99.83	5.00.8	61.30	91.95	102.17	4.89.4
59.95	89.92	99.92	5.00.4	61.35	92.02	102.25	4.89
60. »	90. »	100. »	5. »	61.40	92.10	102.33	4.88.6
60.05	90.07	100.08	5.99.6	61.45	92.17	102.42	4.88.2
60.10	90.15	100.17	4.99.2	61.50	92.25	102.50	4.87.8
60.15	90.22	100.25	4.98.7	61.55	92.32	103.58	4.87.4
60.20	90.30	100.33	4.98.3	61.60	92.40	102.67	4.87
60.25	90.37	100.42	4.97.9	61.65	92.47	102.75	4.86.6
60.30	90.45	100.50	4.97.5	61.70	92.55	102.83	4.86.2
60.35	90.52	100.58	4.97.1	61.75	92.62	102.92	4.85.8
60.40	90.60	100.67	4.96.7	61.80	92.70	103. »	4.85.4
60.45	90.67	100.75	4.96.3	61.85	92.77	103.08	4.85
60.50	90.75	100.83	4.95.9	61.90	92.85	103.17	4.84.7
60.55	90.82	100.92	4.95.5	61.95	92.92	103.25	4.84.3
60.60	90.90	101. »	4.95	62. »	93. »	103.33	4.83.9
60.65	90.97	101.08	4.94.6	62.05	93.07	103.42	4.83.5
60.70	91.05	101.17	4.94.2	62.10	93.15	103.50	4.83.1
60.75	91.12	101.25	4.93.8	62.15	93.22	103.58	4.82.7
60.80	91.20	101.33	4.93.4	62.20	93.30	103.67	4.82.3
60.85	91.27	101.42	4.93	62.25	93.37	103.75	4.81.9
60.90	91.35	101.50	4.92.6	62.30	93.45	103.83	4.81.5
60.95	91.42	101.58	4.92.2	62.35	93.52	103.92	4.81.1

TABLEAUX DE PARITÉ

3 %	4 1/2 %	5 %	TAUX de L'INTÉRÊT	3 %	4 1/2 %	5 %	TAUX de L'INTÉRÊT
62.40	93.60	104. »	4.80.8	63.80	95.70	106.33	4.70.2
62.45	93.67	104.08	4.80.4	63.85	95.77	106.42	4.69.8
62.50	93.75	104.17	4.80	63.90	95.85	106.50	4.69.5
62.55	93.82	104.25	4.79.6	63.95	95.92	106.58	4.69.1
62.60	93.90	104.33	4.79.2	64. »	96. »	106.67	4.68.7
62.65	93.97	104.42	4.78.9	64.05	96.07	106.75	4.68.4
62.70	95.05	104.50	4.78.5	64.10	96.15	106.83	4.68
62.75	94.12	104.58	4.78.1	64.15	96.22	106.92	4.67.6
62.80	94.20	104.67	4.77.7	64.20	96.30	107. »	4.67.3
62.85	94.27	104.75	4.77.3	64.25	96.37	107.08	4.66.9
62.90	94.35	104.83	4.76.9	64.30	96.45	107.17	4.66.6
62.95	94.42	104.92	4.76.6	64.35	96.52	107.25	4.66.2
63. »	94.50	105. »	4.76.2	64.40	96.60	107,33	4.65.8
63.05	94.57	105.08	4.75.8	64.45	96.67	107.42	4.65.5
63.10	94.65	105.17	4.75.4	64.50	96.75	107.50	4.65.1
63.15	94.72	105.25	4.75.1	64.55	96.82	107.58	4.64.7
63.20	94.80	105.33	4.74.7	64.60	96.90	107.67	4.64.4
63.25	94.87	105.42	4.74.3	64.65	96.97	107.75	4.64
63.30	94.95	105.50	4.73.9	64.70	97.05	107.83	4.63.7
63.35	95.02	105.58	4.73.5	64.75	97.12	107.92	4.63.3
63.40	95.10	105.67	4.73.2	64.80	97.20	108. »	4.63
63.45	95.17	105.75	4.72.8	64.85	97.27	108.08	4.62.6
63.50	95.25	105.83	4.72.4	64.90	97.35	108.17	4.62.3
63.55	95.32	105.92	4.72.1	64.95	97.42	108.25	4.61.9
63.60	95.40	106. »	4.71.7	65. »	97.50	108.33	4.61.5
63.65	95.47	106.08	4.71.3	65.05	97.57	108.42	4.61.2
63.70	95.55	106.17	4.71	65.10	97.65	108.50	4.60.8
63.75	95.62	106.25	4.70.6	65.15	97.72	108.58	4.60.5

3 %	4 1/2 %	5 %	TAUX de L'IN-TÉRÊT	3 %	4 1/2 %	5 %	TAUX de L'IN-TÉRÊT
65.20	97.80	108.67	4.60.1	66.60	99.90	111.»	4.50.5
65.25	97.87	108.75	4.59.8	66.65	99.97	111.08	4.50.1
65.30	97.95	108.83	4.59.4	66.70	100.05	111.17	4.49.8
65.35	98.02	108.92	4.59.1	66.75	100.12	111.25	4.49.4
65.40	98.10	109. »	4.58.7	66.80	100.20	111.33	5.49.1
65.45	98.17	109.08	4.58.4	66.85	100.27	111.42	4.48.8
65.50	98.25	109.17	4.58	66.90	100.35	111.50	4.48.4
65.55	98.32	109.25	4.57.7	66.95	100.42	111.58	4.48.1
65.60	98.40	109.33	4.57.3	67. »	100.50	111.67	4.47.8
65.65	98.47	109.42	4.57	67.05	100.57	111.75	4 47.4
65.70	98.55	109.50	4.56.6	67.10	100.65	111.83	4.47.1
65.75	98.62	109.58	4.56.3	67.15	100.72	111.92	4.46.7
65.80	98.70	109.67	4.55.9	67.20	100.80	112. »	4.46.4
65.85	98.77	109.75	4.55.6	67.25	100.87	112.08	4.46.1
65.90	98.85	109.83	4.55.2	67.30	100.95	112.17	4.45.8
65.95	98.92	109.92	4.54.9	67.35	101.02	112.25	4.45.4
66. »	99. »	110. 3	4.54.5	67.40	101.10	112.33	4.45.1
66.05	99.07	110.08	4.54.2	67.45	101.17	112.42	4.44.8
66.10	99.15	110.17	4.53.9	67.50	101.25	112.50	4.44.4
66.15	99.22	110.25	4.53.5	67.55	101.32	112.58	4.44.1
66.20	99.30	110.33	4.53.2	67.60	101.40	112.67	4.43.8
66.25	99.37	110.42	4.52.8	67.65	101.47	112.75	4.43 5
66.30	99.45	110.50	4.52.5	67.70	101.55	112.83	4.43.1
66.35	99.52	110.58	4.52.1	67.75	101.62	112.92	4.42.8
66.40	99.60	110.67	4.51.8	67.80	101.70	113. »	4.42.5
66.45	99.67	110.75	4.51.5	67.85	101.77	113.08	4.42.1
66.50	99.75	110.83	4.51.1	67.90	101.85	113.17	4.41.8
66.55	99.82	110.92	4.50.8	67.95	101.92	113.25	4.41.5

3 %	4 1/2 %	5 %	TAUX de L'INTÉRÊT	3 %	4 1/2 %	5 %	TAUX de L'INTÉRÊT
68. »	102. »	113.33	4.41.2	69.40	104.10	115.67	4.32.3
68.05	102 07	113.42	4.40.8	69.45	104.17	115.75	4.32
68.10	102.15	113.50	4 40.5	69.50	104.25	115.83	4.31.7
68 15	102.22	113.58	4.40.2	69.55	104.32	115.92	4.31.3
68.20	102.30	113.67	4.39.9	69.60	104.40	116. »	4.31
68.25	102.37	113.75	4.39.6	69.65	104.47	116.08	4.30.7
68.30	102.45	113.83	4.39.2	69.70	104.55	116.17	4.30.4
68.35	102.52	113.92	4.38.9	69.75	104.62	116.25	4.30.1
68.40	102.60	114. »	4.38.6	69.80	104.70	116.33	4.29.8
68.45	102.67	114.08	4.38.3	69.85	104.77	116.42	4.29.5
68.50	102.75	114.17	4.38	69.90	104.85	116.50	4.29.2
68.55	102.82	114.25	4.37.6	69.95	104.92	116.58	4.28.9
68.60	102.90	114.33	4.37.3	70. »	105. »	116.67	4.28.6
68.65	102.97	114.42	4.37	70.05	105.07	116.75	4.28.3
68.70	103.05	114.50	4.36.7	70.10	105.15	116.83	4.28
68.75	103.12	114.58	4.36.4	70.15	105.22	116.92	4.27.6
68.80	103.20	114.67	4.36	70.20	105.30	117. »	4.27.3
68.85	203.27	114.75	4.35.7	70.25	105.37	117.08	4.27
68.90	103.35	114.83	4.35.4	70.30	105.45	117.17	4.26.7
68.95	103 42	114.92	4.35.1	70.35	105.52	117.25	4.26.4
69. »	103.50	115. »	4.34.8	70.40	105.60	117.33	4.26.1
69.05	103.57	115.08	4.34.5	70.45	105.67	117.42	4.25.8
69.10	103.65	115.17	4.34.2	70.50	105.75	117.50	4.25.5
69.15	103.72	115.25	4.33.8	70.55	105.82	117.58	4.25 2
69.20	103.80	115.33	4.33.5	70.60	105.90	117.67	4.24.9
69.25	103.87	115.42	4.33.2	70.65	105.97	117.75	4.24.6
69.30	103.95	115.50	4.32.9	70.70	106.05	117.83	4.24.3
69.35	104.02	115.58	4.32.6	70.75	106.12	117.92	4.24

3 %	4 1/2 %	5 %	TAUX de L'IN-TÉRÊT	3 %	4 1/2 %	5 %	TAUX de L'IN-TÉRÊT
70.80	106.20	118. »	4.23.7	72.20	108.30	120.33	4.15.5
70.85	106.27	118.08	4.23.4	72.25	108.37	120.42	4.15.2
70.90	106.35	118.17	4.23.1	72.30	108.45	120.50	4.14.9
70 95	106.42	118.25	4.22.8	72.35	108.52	120.58	4.14.6
71. »	106.50	118.33	4.22.5	72.40	108.60	120.67	4 14.4
71.05	106.57	118.42	4.22.2	72.45	108 67	120.75	4.14.1
71.10	106.65	118.50	4.21.9	72.50	108.75	120.83	4.13.8
71.15	106.72	118.58	4.21.6	72.55	108.82	120.92	4.13.5
71.20	106.80	118.67	4.21.3	72.60	108.90	121. »	4.13.2
71.25	106.87	118.75	4.21.1	72.65	108.97	121.08	4.12.9
71.30	106.95	118.83	4.20.8	72.70	109.05	121.17	4.12.7
71.35	107.02	118.92	4.20.5	72.75	109.12	121.25	4.12.4
71.40	107.10	119. »	4.20.2	72.80	109.20	121.33	4.12.1
71.45	107.17	119.08	4.19.9	72.85	109.27	124.42	4.11.8
71.50	107.25	119.17	4.19.6	72.90	109.35	421.50	4.11.5
71.55	107.32	119.25	4.19.3	72.95	109.42	121.58	4.11.2
71.60	107.40	119.33	4.19	73. »	109.50	121.67	4.11
71.65	107.47	119.42	4.18.7	73.05	109.57	121.75	4.10.7
71.70	107.55	119.50	4.18.4	73.40	109.65	121.83	4.40.4
71.75	107.62	119.58	4.18.1	73.15	109.72	121.92	4.10.1
71.80	107.70	119.67	4.17.8	73.20	109.80	122. »	4.09.8
71.85	107.77	119.75	4.17.5	73.25	109.87	122.08	4.09.6
71.90	107.85	119.83	4.17.2	73.30	109.95	122.17	4.09.3
71.95	107.92	119.92	4.17	73.35	110.02	122.25	4.09
72. »	108. »	120. »	4.16.7	73.40	110.10	122.33	4.08.7
72.05	108.07	120.08	4.16.4	73.45	110.17	122.42	4.08.4
72.40	108.15	120.17	4.16.1	73.50	110.25	122.50	4.08.2
72.15	108.22	120.25	4.15.8	73.55	110.32	122.58	4.07.9

3 %	4 ¹/₂ %	5 %	TAUX de L'INTÉRÊT	3 %	4 ¹/₂ %	5 %	TAUX de L'INTÉRÊT
73.60	110.40	122.67	4.07.6	75. »	112.50	125. »	4. »
73.65	110.47	122.75	4.07.3	75.05	112.57	125.08	3.99.7
73.70	110.55	122.83	4.07.1	75.10	112.65	125.17	3.99.5
73.75	110.63	122.92	4.06.8	75.15	112.72	125.25	3.99.2
73.80	110.70	123. »	4.06.5	75.20	112.80	125.33	3.98.9
73.85	110.77	123.08	4.06.2	75.25	112.87	125.42	3.98.7
73.90	110.85	123.17	4.06	75.30	112.95	125.50	3.98.4
73.95	110.92	123.25	4.05.7	75.35	113.02	125.58	3.98.1
74. »	111. »	123.33	4.05.4	75.40	113.10	125.67	3.97.9
74.05	111.07	123.42	4.05.1	75.45	113.17	125.75	3.97.6
74.10	111.15	123.50	4.04.9	75.50	113.25	125.83	3.97.3
74.15	111.22	123.58	4.04.6	75.55	113 32	125.92	3.97.1
74.20	111.30	123.67	4.04.3	75.60	113.40	126. »	3.96.8
74.25	111.37	123.75	4.04	75.65	113.47	126.08	3.96.6
74.30	111.45	123.83	4.03.8	75.70	113.55	126.17	3.96.3
74.35	111.52	123.92	4.03.5	75.75	113.62	126.25	3.96
74.40	111.60	124. »	4.03.2	75.80	113.70	126.33	3.95.8
74.45	111.67	124.08	4.03	75.85	113.77	126.42	3.95.5
74.50	111.75	124.17	4.02.7	75.90	113.85	126.50	3.95.3
74.55	111.82	124.25	4.02.4	75.95	113.92	126.58	3.95
74.60	111.90	124.33	4.02.1	76. »	114. »	126.67	3.94.7
74.65	111.97	124.42	4.01.9	76.05	114.07	126.75	3.94.5
74.70	112.05	124.50	4.01.6	76.10	114.15	126.83	3.94.2
74.75	112.12	124.58	4.01.3	76.15	114.22	126.92	3.94
74.80	112.20	124.67	4.01.1	76.20	114.30	127. »	3.93.7
74.85	112.27	124.75	4.00.8	76.25	114.37	127.08	3.93.4
74.90	112.35	124.83	4.00.5	76.30	114.45	127.17	3.93 2
74.95	112.42	124.92	4.00.3	76.35	114.52	127.25	3.92.9

3 %	4 1/2 %	5 %	TAUX de L'INTÉRÊT	3 %	4 1/2 %	5 %	TAUX de L'INTÉRÊT
76.40	114.60	127.33	3.92.7	77.80	116.7	129.67	3.85.6
76.45	114.67	127.42	3.92.4	77.85	116.77	129.75	3.85.4
76.50	114.75	127.50	3.92.2	77.90	116.85	129.83	3.85.1
76.55	114.82	127.5	3.91.9	77.95	116.92	129.92	3.84.9
76.60	114.90	127.67	3.91.6	78. »	117. »	130. »	3.84.6
76.65	114.97	127 75	3.91.4	78.05	117.07	130.08	3.84.4
76.70	115.05	127.83	3.91.1	78.10	117.15	130.17	3.84.1
76.75	115.12	127.92	3.90.9	78.15	117.22	130.25	3.83.9
76.80	115.20	128. »	3.90.6	78.20	117.30	130.33	3.83.6
76.85	115.27	128.08	3.90.4	78.25	117.37	130.42	3.83.4
76.90	115.35	128.17	3.90.1	78.30	117.45	130.50	3.83.1
76.95	115.42	128.25	3.89.9	78.35	117.52	130.58	3.82.9
77. »	115.50	128.33	3.89.6	78.40	117.60	130.67	3.82.6
77.05	115.57	128.42	3.89.4	78.45	117.67	130.75	3.82.4
77.10	115.65	128.50	3.89.1	78.50	117.75	130 83	3.82.2
77.15	115.72	128.58	3.88.8	78.55	117.82	130.92	3.81.9
77.20	115.80	128.67	3.88.6	78.60	117.90	131. »	3.81.7
77.25	115.87	128.75	3.88.3	78.65	117.97	131.08	3.81.4
77.30	115.95	128.83	3.88.1	78.70	118.05	131.17	3.81.2
77.35	116.02	128.92	3 87.8	78.75	118.12	131.25	3.81
77.40	116.10	129. »	3.87.6	78.80	118.20	131.33	3.80.7
77.45	116.17	129.08	3.87.3	78.85	118.27	131.42	3.80.5
77.50	116.25	129.17	3.87.1	78.90	118 35	131.50	3.80.2
77.55	116.32	129.25	3.86.8	78.95	118.42	131.58	3.80
77.60	116.40	129.33	3.86.6	79. »	118.50	131.67	3.79.7
77.65	116.47	129.42	3.86.3	79.05	118.57	131.75	3.79.5
77.70	116.55	129.50	3.86.1	79.10	118.65	131.83	3.79.3
77.75	116.62	129.58	3.85.9	79.15	118.72	131.92	3.79

3 %	4 1/2 %	5 %	TAUX DE L'INTÉRÊT	3 %	4 1/2 %	5 %	TAUX DE L'INTÉRÊT
79.20	118.80	132. »	3.78.8	80.60	120.90	134.33	3.72.2
79.25	118.87	132.08	3.78.5	80.65	120.97	134.42	3.72.
79.30	118.95	132.17	3.78.3	80.70	121.05	134.50	3.71.7
79.35	119.02	132.25	3.78.1	80.75	121.12	134.58	3.71.5
79.40	119.10	132.33	3.77.8	80.80	121.20	134.67	3.71.3
79.45	119.17	132.42	3.77.6	80.85	121.27	134.75	3.71.1
79.50	119.25	132.50	3.77.4	80.90	121.35	134.83	3.70.8
79.55	119.32	132.59	3.77.1	80.95	121.42	134.92	3.70.6
79.60	119.40	132.67	3.76.9	81. »	121.50	135. »	3.70.4
79.65	119.47	132.75	3.76.6	81.05	121.57	135.08	3.70.1
79.70	119.55	132.83	3.76.4	81.10	121.65	135.17	3.69.9
79.75	119.62	132.92	3.76.2	81.15	121.72	135.25	3.69.7
79.80	119.70	133. »	3.75.9	81.20	121.80	135.33	3.69.5
79.85	119.77	133.08	3.75.7	81.25	121.87	135.42	3.69.2
79.90	119.85	133.17	3.75.5	81.30	121.95	135.50	3.69.
79.95	119.92	133.25	3.75.2	81.35	122.02	135.58	3.68.8
80. »	120. »	133.33	3.75.	81.40	122.10	135.67	3.68.5
80.05	120.07	133.42	3.74.8	81.45	122.17	135.75	3.68.3
80.10	120.15	133.50	3.74.5	81.50	122.25	135.83	3.68.1
80.15	120.22	133.58	3.74.3	81.55	122.32	135.92	3.67.9
80.20	120.30	133.67	3.74.1	81.60	122.40	136. »	3.67.6
80.25	120.37	133.75	3.73.8	81.65	122.47	136.08	3.67.4
80.30	120.45	133.83	3.73.6	81.70	122.55	136.17	3.67.2
80.35	120.52	133.92	3.73.4	81.75	122.62	136.25	3.67.
80.40	120.60	134. »	3.73.1	81.80	122.70	136.33	3.66.7
80.45	120.67	134.08	3.72.9	81.85	122.77	136.42	3.66.5
80.50	120.75	134.17	3.72.7	81.90	122.85	136.50	3.66.3
80.55	120.82	134.25	3.72.4	81.95	122.92	136.58	3.66.1

3 %	4 1/2 %	5 %	TAUX de L'IN-TÉRÊT	3 %	4 1/2 %	5 %	TAUX de L'IN-TÉRÊT
82. »	123. »	136.67	3.65.9	83.40	125.10	139. »	3.59.7
82.05	123.07	136.75	3.65.6	83.45	125.17	139.08	3.59.5
82.10	123.15	136.83	3.65.4	83.50	125.25	139.17	3.59.3
82.15	123.22	136.92	3.65.2	83.55	125.32	139.25	3.59.1
82.20	123.30	137. »	3.65.	83.60	125.40	139.33	3.58.8
82.25	123.37	137.08	3.64.7	83.65	125.47	139.42	3.58.6
82.30	123.45	137.17	3.64.5	83.70	125.55	139.50	3.58.4
82.35	123.52	137.25	3.64.3	83.75	125.62	139.58	3.58.2
82.40	123.60	137.33	3.64.1	83.80	125.70	139.67	3.58.
82.45	123.67	137.42	3.63.9	83.85	125.77	139.75	3.57.8
82.50	123.75	137.50	3.63.6	83.90	125.85	139.83	3.57.6
82.55	123.82	137.58	3.63.4	83.95	125.92	139.92	3.57.4
82.60	123.90	137.67	3.63.2	84. .	126. »	140. »	3.57.1
82.65	123.97	137.75	3.63.	84.05	126.07	140.08	3.56.9
82.70	124.05	137.83	3.62.7	84.10	126.15	140.17	3.56.7
82.75	124.12	137.92	3.62.5	84.15	126.22	140.25	3.56.5
82.80	124.20	138. »	3.62.3	84.20	126.30	140.33	3.56.3
82.85	124.27	138.08	3.62.1	84.25	126.37	140.42	3.56.1
82.90	124.35	138.17	3.61.9	84.30	126.45	140.50	3.55.9
82.95	124.42	138.25	3.61.7	84.35	126.52	140.58	3.55.7
83. »	124.50	138.33	3.61.4	84.40	126.60	140 67	3.55.4
83.05	124.57	138.42	3.61.2	84.45	126.67	140.75	3.55.2
83.10	124 65	138.50	3.61.	84.50	126.75	140.83	3.55.
83.15	124.72	138.58	3.60.8	84.55	126.82	140.92	3.54.8
83.20	124.80	138.67	3.60.6	84.60	126.90	141. »	3.54.6
83.25	124.87	138.75	3.60.4	84.65	126.97	141.08	3.54.4
83.30	124.95	138.83	3.60.1	84.70	127.05	141.17	3.54.2
83.35	125.02	138.92	3.59.9	84.75	127.12	141.25	3.54.

3 %	4 ½ %	5 %	TAUX DE L'INTÉRÊT	3 %	4 ½ %	5 %	TAUX DE L'INTÉRÊT
85.05	127.57	141.75	3.52.7	86.45	129.67	144.08	3.47.
85.10	127.65	141.83	3.52.5	86.50	129.75	144.17	3.46.8
85.15	127.72	141.92	3.52.3	86.55	129.82	144.25	3.46.6
85.20	127.80	142. »	3.52.1	86.60	129.90	144.33	3.46.4
85.25	127.87	142.08	3.51.9	86.65	129.97	144.42	3.46.2
85.30	127.95	142.17	3.51.7	86.70	130.05	144.50	3.46.
85.35	128.02	142.25	3.51.5	86.75	130.12	144.58	3.45.8
85.40	128.10	142.33	3.51.3	86.80	130.20	144.67	3.45.6
85.45	128.17	142.42	3.51.1	86.85	130.27	144.75	3.45.4
85.50	128.25	142.50	3.50.9	86.90	130.35	144.83	3.45.2
85.55	128.32	142.58	3.50.7	86.95	130.42	144.92	3.45.
85.60	128.40	142.67	3.50.5	87. »	130.50	145. »	3.44.8
85.65	128.47	142.75	3.50.3	87.05	130.57	145.08	3.44.6
85.70	128.55	142.83	3.50.1	87.10	130.65	145.17	3.44.4
85.75	128.62	142.92	3.49.9	87.15	130.72	145.25	3.44.2
85.80	128.70	143. »	3.49.6	87.20	130.80	145.33	3.44.
85.85	128.77	143.08	3.49.4	87.25	130.87	145.42	3.43.8
85.90	128.85	143.17	3.49.2	87.30	130.95	145.50	3.43.6
85.95	128.92	143.25	3.49.	87.35	131.02	145.58	3.43.4
86. »	129. »	143.33	3.48.8	87.40	131.10	145.67	3.43.2
86.05	129.07	143.42	3.48.6	87.45	131.17	145.75	3.43.1
86.10	129.15	143.50	3.48.4	87.50	131.25	145.83	3.42.9
86.15	129.22	143.58	3.48.2	87.55	131.32	145.92	3.42.7
86.20	129.30	143.67	3.48.	87.60	131.40	146. »	3.42.5
86.25	129.37	143.75	3.47.8	87.65	131.47	146.08	3.42.3
86.30	129.45	143.83	3.47.6	87.70	131.55	146.17	3.42.1
86.35	129.52	143.92	3.47.4	87.75	131.62	146.25	3.41.9
86.40	129.60	144. »	3.47.2	87.80	131.70	146.33	3.41.7

3 %	4 1/2 %	5 %	TAUX de L'INTÉRÊT	3 %	4 1/2 %	5 %	TAUX de L'INTÉRÊT
87.85	131.77	146.42	3.41.5	88.95	133.42	148.25	3.37.3
87.90	131.85	146.50	3.41.3	89. »	133.50	148.33	3.37.1
87.95	131.92	146.58	3.41.1	89.05	133.57	148.42	3.36.9
88. »	132. »	146.67	3.40.9	89.10	133.65	148.50	3.36.7
88.05	132.07	146.75	3.40.7	89.15	133.72	148.58	3.36.5
88.10	132.15	146.83	3.40.5	89.20	133.80	148.67	3.36.3
88.15	132.22	146.92	3.40.3	89.25	133.87	148.75	3.36.1
88.20	132.30	147. »	3.40.1	89.30	133.95	148.83	3.35.9
88.25	132.37	147 08	3.39.9	89.35	134.02	148.92	3.35.8
88.30	132.45	147.17	3.39.7	89.40	134.10	149. »	3.35.6
88.35	132.52	147.25	3.39.6	89.45	134.17	149.08	3.35.4
88.40	132.60	147.33	3.39.4	89.50	134.25	149.17	3.35.2
88.45	132.67	147.42	3.39.2	89.55	134.32	149.25	3.35.
88.50	132.75	147.50	3.39.	89.60	134.40	149.33	3.34.8
88.55	132.82	147.58	3.38.8	89.65	134.47	149.42	3.34.6
88.60	132.90	147.67	3.38.6	89.70	134.55	149.50	3.34.4
88.65	132.97	147.75	3.38.4	89.75	134.62	149.58	3.34.3
88.70	133.05	147.83	3.38.2	89.80	134.70	149.67	3.34.1
88.75	133.12	147.92	3.38.	89.85	134.77	149.75	3.33.9
88.80	133.20	148. »	3.37.8	89.90	134.85	149.83	3.33.7
88.85	133.27	148.08	3.37.6	89.95	134.92	149.92	3.33.5
88.90	133.35	148.17	3.37.5	90. »	135. »	150. »	3.35.3

MODÈLES

Certificat de vie.

Nous, maire de la commune d   ,
arrondissement d   , département
d   , certifions que la nommée
                    (nom et prénoms), veuve   ,
demeurant en notre commune, est vivante pour s'être
présentée aujourd'hui devant nous.

Le présent certificat lui est délivré à l'effet de renou-
veler les titres de rente 3 0/0, n° 4413, de 6 francs,
n° 7605, de 10 francs, et n° 12345, de 30 francs, qui lui
appartiennent.

A   , le 9 décembre 1878.

Le maire,

Signature de la titulaire.)

(Cachet de la mairie.)

Vu pour légalisation de la signature de M.
              , maire de la commune de
        A   , le 12 décembre 1878.

Le sous-préfet,

(Cachet de la sous-préfecture.)

Mairie de

Nous, maire de la ville d   , arrondissement d   , département d
certifions que M.   (*nom et prénoms*),
domicilié à   , possesseur de deux
inscriptions de rente 3 0/0 sur l'État français, est
vivant pour s'être présenté aujourd'hui devant nous.
A   , le 9 décembre 1878.

Le maire,

(Signature du titulaire.)

(Cachet de la mairie.)

Vu pour légalisation de la signature de M.
maire de la ville d
A   , le 12 décembre 1878

Le sous-préfet

(Cachet de la sous-préfecture.)

Modèle de déclaration de perte.

———

Aujourd'hui, le   187 , a comparu
devant nous, maire de la commune d   ,
département d   , le sieur
demeurant à   , lequel nous a déclaré
avoir perdu l'extrait d'une inscription
                                        n°   , dont il est
propriétaire, et nous a dit qu'il désirait en obtenir le
remplacement dans la forme prescrite par le décret du
3 messidor an XII, s'obligeant à rapporter l'extrait
adiré, s'il se retrouve. Ladite déclaration faite en présence de
                              demeurant à
et du sieur   , demeurant à
            , lesquels nous ont attesté l'individualité
du déclarant, et ont, ainsi que lui, signé avec nous,
les jour, mois et an que dessus.

(Suivent les signatures.)

N. B. La présente déclaration doit être faite sur papier timbré
et enregistrée.

La signature du maire (à l'exception de ceux de Paris) doit, en
outre, être légalisée par le préfet ou le sous-préfet.

Modèle de procuration

pour ventes, transferts ou conversions au porteur de rentes françaises (1).

Par-devant Mᵉ   notaire à

Est comparu : (2)

M.   (*nom, prénoms, qualité et domicile*).

Lequel a, par ces présentes, constitué pour son mandataire spécial M. (3)

Auquel il donne pouvoir de, pour lui et en son nom,

Vendre au cours que le mandataire jugera convenable et transférer une inscription de   francs, rente française   0/0 inscrite au nom de   sous le n°   de la   ᵉ série.

A cet effet, signer tous certificats et déclarations de transferts ; recevoir le prix de vente, et en donner quittance ; signer également toutes demandes de transferts ou conversion en titres au porteur ; faire et accepter tous remplois.

Commettre tous agents de change, élire domicile, substituer, et généralement, enfin, faire tout ce qui sera

_____

(1) Cette procuration peut être faite en brevet, lorsqu'il ne s'agit pas d'aliéner plus de 50 francs de rentes.

(2) Ces indications doivent concorder avec celles inscrites sur les titres de rentes.

(3) L'agent de change doit indiquer le nom de la personne de sa maison qui remplira les fonctions de mandataire, car si la procuration est en minute, le nom ne peut rester en blanc.

nécessaire pour opérer lesdites ventes et conversions, à la suite desquelles le mandataire est autorisé à remettre, soit le produit de la vente, soit les titres nouveaux, soit enfin ceux achetés en remploi chez M.   , agent de change à Paris, à la disposition de M.   (4), laquelle remise vaudra pleine et entière décharge audit mandataire, promettant l'avouer et ratifier le tout au besoin.

(4) Le vendeur lui-même, s'il est correspondant de l'agent de change, sinon le client intermédiaire, doit donner à ce dernier l'ordre et les pièces.

Procurations.

Indication des principales dispositions à insérer dans la procuration *à donner par* acte notarié (*ou par* acte sous seing privé, *enregistré et légalisé par le maire et le sous-préfet*), *pour la réalisation d'un* cautionnement en rentes (1).

RENTES AU PORTEUR PERDUES OU DÉTRUITES.

Nom, prénoms, qualité et demeure du *constituant.*

Nom, prénoms, qualité et demeure du *mandataire.*

Pouvoir de, pour et au nom du constituant, déposer et affecter en nantissement au Trésor public, pour une durée de vingt ans à partir de la date de l'acte de nantissement, toutes inscriptions de rentes sur le grand-livre de la Dette publique de France appartenant au constituant (ou telle inscription déterminée), en garantie de la délivrance qui sera faite au constituant (ou à telle personne désignée), de tous titres de rentes sur l'Etat au porteur, en remplacement de l'inscription de même nature lui appartenant, qu'il a déclarée adirée, et aussi en garantie du payement des coupons d'arrérages desdites rentes pendant une période continue de cinq ans, au fur et à mesure de chaque échéance. A cet effet, signer et passer avec l'agent judiciaire du Trésor public l'acte d'affectation dans les termes formulés par le Trésor public.

(1) Quand le pouvoir sera donné par acte sous seing privé, le constituant, avant d'apposer sa signature, devra écrire de sa main : *Bon pour pouvoir.*

Donnant expressément au mandataire le pouvoir de conférer à l'agent judiciaire du Trésor public le droit spécial et irrévocable, pendant toute la durée du cautionnement, de, pour et au nom du constituant, faire vendre ou annuler en tout ou en partie, en vertu d'une simple décision du ministre des finances, et sans qu'il soit besoin d'acte judiciaire, les rentes données en nantissement, pour le cas où les anciens titres ou des coupons détachés de ces titres seraient représentés au Trésor.

Aux effets ci-dessus, passer tous actes, élire domicile, et généralement faire et dire tout ce que les circonstances exigeront, promettant l'agréer.

Retirer du Trésor public les bordereaux d'annuel représentatifs des inscriptions et servant à toucher les arrérages, en donner tous reçus et décharges.

Récépissé perdu.

*Dépôt de titres au porteur pour conversion, renouvel-
lement, division ou réunion.*

Produire, pour le retrait des titres, une *expédition* de la décharge
notariée dont modèle ci-après :

Par-devant M^e   , notaire à Paris, a
comparu M.   (*nom et prénoms, qualité civile*), demeurant   , lequel
par ces présentes a expliqué d'abord qu'il avait déposé
au bureau des reconversions et renouvellements, le
                    (*date du dépôt*), pour en obtenir la
réexpédition (*un, deux, trois*)   titres 3 0/0,
5 0/0, 4 1/2, n^{os}   , de   (*sommes*)
qu'on lui a délivré le même jour un récépissé de la
somme de   , portant le n°   .
Que ce récépissé avait été égaré depuis et que toutes
les recherches faites pour le retrouver avaient été in-
fructueuses.

Et que sur sa décharge le Trésor avait consenti à lui
remettre les inscriptions 3 0/0, 5 0/0, 4 1/2,   ,
n^{os}   de   (*sommes*).

Par suite de cette remise, M.   , comparant, a déclaré par ces présentes donner décharge
entière et définitive au Trésor public des inscriptions
ci-dessus désignées. Renonçant pour lui et ses héri-

tiers ou ayants droit à jamais se prévaloir dudit récépissé dans le cas où il serait retrouvé. A ces présentes
est intervenu M.   , agent de change
près la Bourse de Paris, demeurant à
lequel a déclaré certifier l'identité du comparant.

L'*expédition* de la présente déclaration devant être
produite au Trésor, pour la décharge de l'agent
comptable, conformément à la décision ministérielle du
5 janvier 1857.

Dont acte

Acte de notoriété déclaratif.

Par-devant M⁰   , notaire à
canton d   , arrondissement d
département d   et son collègue (*on assiste
de deux témoins*),

Ont comparu le sieur   (*nom et prénoms*)
et le sieur   (*nom et prénoms*), tous
deux domiciliés et demeurant à   ,
lesquels ont, par ces présentes, attesté pour vérité et
notoriété à tous ceux à qui il appartiendra,

Que le sieur   (*nom et prénoms*), propriétaire de rentes   (*taux, numéros,
séries, sommes*), est décédé à   ,
le   mil   , ainsi
qu'il résulte d'une copie de l'acte de décès dudit
M.   , inscrit aux registres de la
commune de   , le   ,
délivrée par le maire de   , légalisée
par le président du tribunal civil de   ,
déposée entre mes mains, pour être ci-annexée après
que dessus.

Qu'après son décès, il n'a pas été fait d'inventaire et
qu'il n'a pas été trouvé de testament.

Et qu'il laisse pour seul et unique héritier M.
              (*nom et prénoms*), son fils, demeurant à
              , canton de

En foi de quoi et de la présente déclaration, j'ai délivré à M.   le présent acte pour
servir ce que de droit. Et après lecture faite aux parties, les témoins ont signé avec nous.

Dont acte, fait et expédié en brevet à   ,
dans l'étude, en présence de   (*collègue
ou témoins instrumentaires*), le
mil

(Cachet.)   (Signatures.)

                        (Légalisation.)

Acte de notoriété rectificatif.

L'an mil   , le
Par-devant Me   , notaire à   ,
canton de   , arrondissement de
, département d   , et son
collègue (*ou assisté de deux témoins*),
Ont comparu
le sieur   (*nom et prénoms*), domicilié à
, et le sieur
(*nom et prénoms*), domicilié à   , lesquels ont devant nous attesté pour vérité et notoriété à
tous ceux à qui il appartiendra, qu'ils connaissent parfaitement le sieur   (*nom et prénoms*),
domicilié à   , propriétaire des
rentes   (*taux*) inscrites au grand-livre
de la Dette publique, la 1re, sous le no   (*série*),
pour   (*somme*), la 2e, sous le no   (*série*),
pour   (*somme*), etc.;
Que c'est à tort et par erreur si, dans les inscriptions
ci-dessus mentionnées, M.   a été
désigné sous les noms de   (*nom et
prénoms altérés*) au lieu de   (*nom et
prénoms vrais*), qui sont ses véritables nom et prénoms, ainsi que le constate l'acte de naissance dudit,
inscrit aux registres de la commune de
, le   , dont une copie
délivrée par le   , légalisée par le prési-

dent du tribunal civil de   nous a été présentée   pour être annexée   ;

Et qu'il y a identité de personne entre M.   (*nom et prénoms faux*), titulaire des inscriptions ci-dessus relatées, et M.   (*nom et prénoms vrais*), propriétaire desdites inscriptions.

En foi de quoi et de la présente déclaration, le présent certificat a été délivré à M.   , pour servir ce que de droit.

Et, après lecture faite aux comparants, lesdits témoins requis ont signé avec nous.

Dont acte, fait et expédié en brevet en notre étude le

(Cachet.)   (Signature du notaire.)

(Légalisation par
le président du tribunal.)

TABLEAUX

Changement de résidence

| DÉPARTEMENT
dans
lequel la rente
était payable :
SEINE-ET-OISE. | DETTE INSCRITE.
RENTE DIRECTE 3 p. 0/0. | DÉPARTEMENT
dans
lequel la rente
devient payable :
SEINE-ET-MARNE. |

DÉCLARATION

DE CHANGEMENT DE DÉPARTEMENT.

DÉSIGNATION DE L'INSCRIPTION.		
NUMÉRO du grand-livre.	NOM ET PRÉNOMS.	SOMME de rente.
28.785	DURAND (Marie-Alexandrine). Chaque bulletin ne doit contenir qu'une seule inscription.	175 fr.

Déclaration reçue par le trésorier-payeur général du
dé.artement de   le *   187 .

Timbre
du trésorier-payeur général.

Circ. du 15 févr. 1854. — Mod. n° 2.

* Cette date doit être celle de la déclaration faite par
le rentier, et non celle de l'envoi du bulletin par le trésorier-payeur général.

ERVICE
DU
PAYEUR CENTRAL
de la
DETTE PUBLIQUE.

(1) Détailler ci-
dessous la somme
due sur chaque
inscription.

fr.	c.
43	50
30	»

Payement des arrérages des rentes nominatives.

NOMBRE d'inscriptions présentées.	SOMME TOTALE à recevoir (1).	
	fr.	c.
2	75	50

M. Durand, demeurant à Paris, n° 176 rue de Rivoli

Le   187 .

Payement de coupons au porteur.

SERVICE du PAYEUR CENTRAL de la DETTE PUBLIQUE.	RENTES 3 0/0 AU PORTEUR JOURNÉE DU 29 NOVEMBRE 1878.	NUMÉRO D'ORDRE :

Bordereau récapitulatif des coupons présentés au payement par M. DURAND, *demeurant rue de Rivoli, 176, à Paris.*

NOTES.

Classer les coupons :

1° Par coupure, en commençant par la coupure de la somme la moins élevée ;

2° Dans chaque coupure, par numéro, en commençant par le plus faible ;

3° Enregistrer au dos du présent bordereau le numéro de chaque coupon.

Attacher les coupons à la présente déclaration avec une épingle.

NOMBRE de COUPONS de chaque coupure.	DÉSIGNATION des coupures.	PRODUIT.
	0 75	
	1 »	
2	1 25	2 50
	1 50	
3	1 75	5 25
	2 »	
5	2 25	11 25
	2 50	
1	5 »	5 »
	7 50	
2	12 50	25 »
	25 »	
	50 »	
1	75 »	75 »
	125 »	
	250 »	
	375 »	
	750 »	
TOTAUX............ 14	Somme à recevoir	124 »

(*Signature de la partie.*)

(Voir l. détail au dos.)

ENREGISTREMENT DES COUPONS.

Coupon	NUMÉROS.	NOMBRE DE TRIMESTRES.	
0 fr. 75 c.			
1 fr.			
1 fr. 25 c.	107,601	2	2
1 fr. 50 c.			
1 fr. 75 c.	96,703 96,704 96,705	1 1 1	3
2 fr.			
2 fr. 25 c.	70,225 71,108 72,609 103,106	2 1 1 1	5
2 fr. 50 c.			
3 fr.	225,604	1	1
7 fr. 50 c.			
12 fr. 50 c.	220,303	2	12
25 fr.			
50 fr.			
75 fr.	302,204	1	1
125 fr.			
250 fr.			
375 fr.			
750 fr.			

Certificat de transfert

ANCIENNES INSCRIPTIONS.

Tableau indicatif de l'ordre des Séries à observer dans la confection de ce CERTIFICAT.

Nos des SÉRIES.	LETTRES.
1re	A. C.
2e	B.
3e	D.
4e	E. F. G.
5e	H. I. J. K. M.
6e	L. N. O.
7e	P. Q. R.
8e	S. T. U. V. W. X. Y. Z.

SÉRIES.	NUMÉROS DU grand-livre.	COUPURES.	NOMS ET PRÉNOMS des titulaires des inscriptions vendues.	SOMMES de rentes.
3	1724		Dubois (Jean-Paul-Léon)	100
			TOTAL...	100

Vu bon pour transfert :

N°

5 0/0.

DÉCLARATION DE TRANSFERTS sur LES 5 POUR 100.	MONTANT des INSCRIPTIONS.	
	anciennes.	nouvelles.
	fr.	fr.
Du 29 novembre 1878, s'est présenté le sieur DURAND (Claude-Bernard),		
Propriétaire de cent soixante-quinze francs . . . . de rente sur le grand-livre de la Dette publique, sous le n° 28785 de la 3ᵉ série.	175	
Lequel déclare par ces présentes qu'il entend que les ci-après nommés soient incrits en son lieu et place,		
SAVOIR :		
Béjot (Georges-Clément), cinquante francs		50
Durand (Claude-Bernard), cent vingt-cinq francs . . . . . avec jouissance du 16 novembre 1878 ; et a, le déclarant, signé après avoir remis ledit extrait d'inscription.		125
Certifié		
Total.	175	175

BUREAU
des
RECONVERSIONS
et
RENOUVELLEMENTS.

RÉEXPÉDITIONS.

N°
DE TRANSFERT.

BORDEREAU DE DÉPOT DE RENTES
5 0/0 au porteur.

REMISES AU TRÉSOR POUR ÊTRE ÉCHANGÉES
CONTRE DE NOUVELLES INSCRIPTIONS AU PORTEUR

NUMÉROS des TITRES déposés.	SOMMES.	NUMÉROS des TITRES déposés.	SOMMES.	NUMÉROS des TITRES déposés.	SOMMES.
		Report.	15	Report.	55
1 127,376	5	3 129,633	20	5 103,896	30
2 142,980	10	4 201,681	20	6 134,010	50
A reporter.	15	A reporter.	55	TOTAL..	135

Je, soussigné, demande que les rentes ci-dessus soient échangées contre quatre nouvelles rentes au porteur ayant des coupons d'arrérages, SAVOIR :

Inscriptions demandées en échange :

	fr.		fr.
Inscrip. de	3	Ensemble :	
Id ...	4	Id	
1 Id ...	5	Id	5
1 Id ...	30	Id	30
Id ...	50	Id	
2 Id ...	100	Id	200
TOTAL....	235		

Paris, le   187.

Signature lisible :

Domicile :

TABLEAUX

TRÉSOR PUBLIC,

BORDEREAU DE DÉPOT DE RENTES AU PORTEUR
remises au Trésor
pour être échangées contre des inscriptions
nominatives.

5 0/0

RECONVERSIONS.

No

NUMÉROS	SOMMES.	NUMÉROS	SOMMES.	NUMÉROS	SOMMES.
		Report.	35	Report	135
1 127,376	5	4 201,681	20	7 308,738	100
2 142,980	10	5 203,896	30	8 319,845	300
3 149,633	20	6 254,010	50		
À reporter.	35	À reporter.	135	TOTAL...	535

Je, soussigné, demande la conversion des rentes ci-dessus en inscription nominative au nom de :

DURAND (Marie-Alexandrine), fille majeure.

Paris, le   187

Signature lisible.

BUREAU
des
RECONVERSIONS
et
RENOUVELLEMENTS

———

N°

Indiquer ici
le numéro
de la
SÉRIE

N° 25

BORDEREAU DE DÉPOT DE RENTES AU PORTEUR

3 p. 0/0 AMORTISSABLE

remises au Trésor pour être échangées, divisées ou réunies en de nouvelles inscriptions au porteur.

NOTA : On ne peut échanger, diviser ou réunir que des inscriptions appartenant à la même série.

NUMÉROS des TITRES DÉPOSÉS.		SOMMES.	NUMÉROS des TITRES DÉPOSÉS.	SOMMES.	NUMÉROS des TITRES DÉPOSÉS.	SOMMES.
				Rep. 5,100		Rep. 5,100
1	1,376	600	4		7	
2	763	1,500	5		8	
3	673	3,000	6		9	
	A rep.	5,100	A rep.	5,100	TOTAL	5,100

Je, soussigné, demande que les rentes ci-dessus soient échangées contre 50 nouvelles rentes au porteur ayant des coupons d'arrérages, savoir :

INSCRIPTIONS DEMANDÉES EN ÉCHANGE :			ENSEMBLE
6 Inscriptions de	15 francs..		90
12	—	30 — ..	360
15	—	60 — ..	600
7	—	150 — ..	1,050
10	—	300 — ..	3,000
	—	600 — ..	
	—	1,500 — ..	
	—	3,000 — ..	
50		TOTAL...........	5,100

Paris, le   187

Signature lisible :

Domicile :

BUREAU
des
RECONVERSIONS
ET
RENOUVELLEMENTS.

CONVERSION

N°

BORDEREAU DE DÉPOT DE RENTES AU PORTEUR

3 0/0 AMORTISSABLE

remises au Trésor pour être échangées contre de nouvelles inscriptions nominatives.

NOTA : 1° Toutes les séries peuvent être réunies et converties au nom d'un ou de plusieurs titulaires.
2° S'il y a plusieurs titulaires, indiquer dans la 1re colonne du bas, à gauche, la série à laquelle chacun des titulaires a droit.

NUMÉROS des séries.	NUMÉROS des TITRES DÉPOSÉS	SOMMES.	NUMÉROS des séries.	NUMÉROS des TITRES DÉPOSÉS.	SOMMES.
1	1,376	1,500		Report..	
3	763	60			
7	1,110	600			
9	673	15			
9	744	150			
10	1,342	300			
16	1,212	15			
25	525	30			
A reporter.		2,670		Total...	

(*Voir la suite en regard.*)

Je, soussigné, demande la conversion des rentes ci-dessus en inscriptions nominatives au nom de :

SÉRIES.	SOMMES.
1	1,500
3	60
7	600
9	15
9	150
10	300
16	15
25	30
	2,670

2.160 fr. DURAND (Marie-Alexandrine), femme Martin.

510 fr. MARTIN (Claude-Bernard).

Paris, le   187

Signature

Domicile.

MINISTÈRE
DES FINANCES.

BUREAU
des
TRANSFERTS
ET
MUTATIONS.

AVIS

1° Il ne pourra être délivré de titres avec coupons au porteur qu'aux rentiers ayant la pleine et entière disposition de leurs inscriptions. (Art. 1er du décret du 18 juin 1865.)

2° La signature du déclarant doit être certifiée par un agent de change ou par un notaire.

La signature de l'agent de change doit être légalisée par le président du tribunal de commerce, et celle du notaire par le président du tribunal civil ou par le juge de paix du canton, agissant en vertu de la loi du 2 mai 1861.

3° Les arrérages des trimestres échus doivent être touchés avant le dépôt pour échange.

4° Si le déclarant ne sait signer, le notaire ou l'agent de change doit le certifier expressément.

(A) Nom, prénoms, qualité et domicile.

(B) Cette légalisation n'est nécessaire que lorsque l'agent de change ou le notaire exerce hors du département de la Seine.

Cachet de l'agent de change ou du notaire.)

(Sceau du tribunal.)

ÉCHANGE DE RENTES NOMINATIVES EN RENTES MIXTES
(Décret du 23 juin 1871)

ÉTAT des inscriptions de rentes 5 p. 0/0 déposées pour échange.

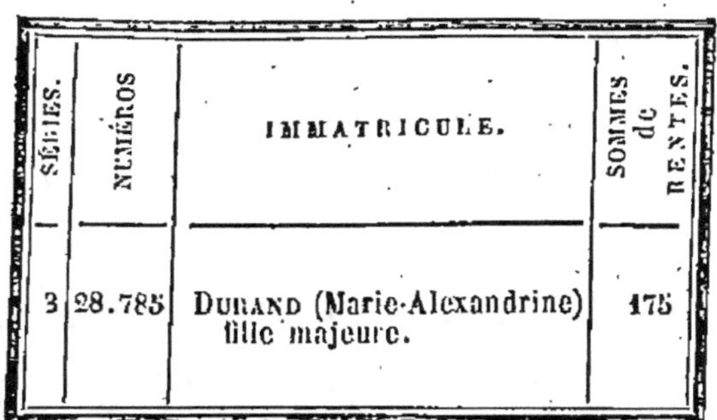

SÉRIES.	NUMÉROS	IMMATRICULE.	SOMMES de RENTES.
3	28.785	DURAND (Marie-Alexandrine) fille majeure.	175

Je soussigné (A) DURAND (Marie-Alexandrine), fille majeure, domiciliée à Melun (Seine-et-Marne), propriétaire des inscriptions de rente ci-dessus désignées, demande, en conformité du décret du 23 juin 1871, qu'elles soient converties en inscriptions nominatives pourvues de coupons au porteur.

A Melun, le   187 .

(Signature du déclarant.)

CERTIFIÉ par le soussigné, agent de change ou notaire à

(Signature du certificateur.)

(B) VU pour la légalisation de la signature de   agent de change ou notaire à

A   , le   187 .

(Signature du président ou juge de paix.)

PORTEFEUILLE
DU TRÉSOR.

CAISSE CENTRALE
du
TRÉSOR PUBLIC.

Numéro du dépôt :

BONS DU TRÉSOR PUBLIC

À CINQ ANS D'ÉCHÉANCE.

M. DURAND, demeurant à Paris, 225, rue Saint-Honoré, déclare déposer le 29 novembre 1878, 44 bons du Trésor, montant à fr. 67,500.

BONS DE 500 FRANCS.			BONS DE 1,000 FRANCS.			BONS DE 5,000 FRANCS.		
NUMÉROS.	NOMBRE.	MONTANT en capital.	NUMÉROS.	NOMBRE.	MONTANT en capital.	NUMÉROS.	NOMBRE.	MONTANT en capital.
10,510 à 10,519	20	10,000	2,300 à 2,304	4	4,000	1,123 a 1,129	7	35,000
10,531 10,535	5	2,500	3,109 3,114	6	6,000	1,131 »	1	5,000
						1,134 »	1	5,000
TOTAL.....		12,500	TOTAL....	10	10,000	TOTAL....	9	45,000

Voir la suite au verso.

RÉCAPITULATION.

NOMBRE DE BONS.	COUPURES.	MONTANT EN CAPITAL.
25	500	12,500
10	1,000	10,000
9	5,000	45,000
»	10,000	»
TOTAL.... 44		67,500

CERTIFIÉ EXACT le présent bordereau, contenant quarante-quatre bons du Trésor à cinq ans d'échéance et s'élevant à soixante-sept mille cinq cents francs.

Signature du déposant:

Caisse centrale du Trésor public. **OBLIGATIONS DU TRÉSOR A LONG TERME.** (Loi du 29 décembre 1876.) **Portefeuille.**

M. Durand (Claude-Bernard), demeurant à Paris, 225, rue Saint-Honoré, déclare déposer, le 29 novembre 1878, 55 obligations du Trésor à long terme montant à fr. 27,500, pour en obtenir l'échange contre un certificat nominatif.

NOMBRE d'obligations.	NUMÉROS des obligations.	NOMBRE d'obligations.	NUMÉROS des obligations.	NOMBRE d'obligations.	NUMÉROS des obligations.
4	1.252 à 1.255		Report....		Report....
1	2.025 à »		à		à
5	2.103 à 2.107		à		à
3	2.201 à 2.203		à		à
14	2.307 à 2.320		à		à
1	3.109 à »		à		à
26	3.210 à 3.235		à		à
1	3.301 à »		à		à
	à		à		à
	à		à		à
	à		à		à
55	A reporter..		A reporter..		

Certifié exact le présent bordereau, montant à la somme de vingt sept mille cinq cents francs.

Paris, le 29 novembre 1878.

19.

TABLEAUX

Caisse Centrale du Trésor public.

OBLIGATIONS TRENTENAIRES
DU TRÉSOR PUBLIC.

PORTEFEUILLE.

M. DURAND (Claude-Bernard), *demeurant à Paris, 225, rue Saint-Honoré, déclare déposer le 29 novembre 1878, 50 obligations trentenaires montant à fr. 25,000, pour en obtenir l'échange contre un certificat nominatif.*

NOMBRE d'obli-gations.	NUMÉROS des obligations.	NOMBRE d'obli-gations.	NUMÉROS des obligations.	NOMBRE d'obli-gations.	NUMÉROS des obligations.
4	1.252 à 1.255		Report.....		Report.....
1	2.025 à »		à		à
3	2.201 à 2.203		à		à
14	2.307 à 2.320		à		à
1	3.109 à »		à		à
26	3.210 à 3.235		à		à
1	3.301 à »		à		à
	à		à		à
	à		à		à
	à		à		à
	à		à		à
	à		à		à
50	A reporter..		A reporter..		

Certifié exact le présent bordereau, montant à la somme de vingt-cinq mille francs.

Paris, le 29 novembre 1878.

Bons de liquidation.

INDEMNITÉS AUX DÉPARTEMENTS ENVAHIS.

(Loi du 7 avril 1873.)

M. DURAND (Claude-Bernard), *demeurant à Saint-Cloud (Seine-et-Oise), a déposé le 29 novembre, pour en obtenir l'échange contre un certificat nominatif au nom de* MARTIN (Louis-Alfred), *45 bons de liquidation montant ensemble à fr.* 22,500

NOMBRE de bons.	NUMÉRO des bons.	NOMBRE de bons.	NUMÉRO des bons.	NOMBRE de bons.	NUMÉRO des bons.
4	1.252 à 1.255		Report.....		Report.....
1	2.025 à »		à		à
5	2.103 à 2.107		à		à
3	2.201 à 2.203		à		à
4	2.307 à 2.310		à		à
1	3.109 à »		à		à
26	3.210 à 3.235		à		à
1	3.301 à »		à		à
	à		à		à
45	À reporter..		À reporter..		

Certifié exact le présent bordereau, montant à la somme de vingt-deux mille cinq cents francs.

Paris, le 29 novembre 1878.

Bons de liquidation.

RÉPARATION DES DOMMAGES
causés par le second siége de Paris et par l'insurrection du 18 mars 1871.

CAISSE CENTRALE du Trésor public.

PORTEFEUILLE du Trésor.

(Lois des 7 avril et 26 juillet 1873.)

M. DURAND (Claude-Bernard), *demeurant à Paris, 225, rue Saint-Honoré, déclare déposer, le 29 novembre 1878, 45 bons de liquidation, montant à fr. 22,500.*

NOMBRE de bons.	NUMÉRO des bons.	NOMBRE de bons.	NUMÉRO des bons.	NOMBRE de bons.	NUMÉRO des bons.
			Report.		Report.
4	1,252 à 1,255		à		à
1	2,025 à »		à		à
5	2,103 à 2,107		à		à
3	2,201 à 2,203		à		à
4	2,307 à 2,310		à		à
1	3.109 à »		à		à
26	3,210 à 3,255		à		à
1	3,301 à »		à		à
	à		à		à
	à		à		à
	à		à		à
	à		à		à
	à		à		à
	à		à		à
	à		à		à
	à		à		à
45		A rep.		A rep.	

Certifié exact le présent bordereau, montant à la somme de vingt-deux mille cinq cents francs.

Paris, le 29 novembre 1878.

TABLE DES MATIÈRES [1]

A

B

---

(1) Les numéros portés à la présente table indiquent les numéros des articles.

D

E

F

H

I

J

L

M

N

O

P

Q

R

S

V

FIN

9 782019 722807